Haus von Davids
und Lucas Eltern
Kirche
Die Kathedrale
des Schrotts
R SÜDEN

Weitere Titel des Autors:

Die Wilden Fußballkerle. Band 1–14
Die Wilden Fußballkerle. Bücher zur TV-Serie. 3 Bände
Die Wilden Fußballkerle. Die wildesten Sprüche!
Trainingsregeln, Tipps & Tricks
Am Tag, als ich Weltmeister wurde

Joachim Masannek

V8 – Komm, wenn du dich traust!

Originalausgabe

Lektorat/Redaktion: Barbara van den Speulhof, Frankfurt am Main
Umschlaggestaltung: Astrid und Marc Reimann, Artattack-Design, München
Layout und Satz: Stephanie Pullner, Siebel Druck & Grafik, Lindlar
Gesetzt aus der Meta
Druck und Einband: Himmer AG, Augsburg

FSC
www.fsc.org
MIX
Papier aus verantwortungsvollen Quellen
FSC® C095359

Printed in Germany
ISBN 978-3-8339-0239-0

5 4 3 2

Sie finden uns im Internet unter www.baumhaus-verlag.de
Bitte beachten Sie auch www.luebbe.de

und unsere Fan-Page www.facebook.com/team.v8

Rat Pack
FILMPRODUKTION

Joachim Masannek

V8 – Komm, wenn du dich traust!

Mit Illustrationen von
Astrid und Marc Reimann

BAUMHAUS

Inhaltsverzeichnis

Es gibt ein Geheimnis,
Gerüchte umwoben,
das niemand, der es kennt, verraten darf.
Es gibt eine Legende über die Burg,
die die Weltmeisterschmiede der Rennfahrer ist.
Doch niemand, der da war, darf von ihr erzählen.
Und für Erwachsene ist alles tabu.

01 Am Rand des Rosengartens

So grell wie die Flamme eines Schweißbrenners, erhob sich die Sonne hinter den Bergen im Osten und verwandelte den Fluss mit ihren Strahlen in eine Straße aus funkelndem Gold. Tausend kleine Wellen glitzerten, als wären Sterne vom Himmel gefallen, und schnitten die noch schlafende Stadt in zwei ungleiche Hälften: den feinen und wohlhabenden, behüteten Norden und den gefährlichen Süden, den man im Norden, in Davids Welt, nur *die verbotene Zone* nannte.
Die verbotene Zone. Denn dort ging man nicht hin. Dort ging man nicht hin, weil man es nicht überlebte. So hieß es auf jeden Fall in den prächtigen Villen auf dem nördlichsten Hügel und so erzählte man es sich auch im Rosengarten. In der friedlichen Einfamilienhaussiedlung zu ihren Füßen am Fluss.
Doch dieser Rosengarten war zu friedlich für David. Für David Michele, der heute am ersten Tag seiner Sommerferien fast schon elf Jahre alt war. Und er war auch zu friedlich für ihr kleines Haus.
Ja, das Haus seiner Eltern war einfach anders. Anders als alle anderen Häuser hier. Es war nicht nur anders. Es war besonders. Besonders und einzigartig und absolut wild. Denn weil es so klein war, befand sich das Zimmer von David in einem Anbau, der besser als jedes Baumhaus war. Er wuchs aus dem Dach über die Regenrinnen hinaus und stützte sich dort auf drei mächtige Stelzen.
David liebte sein Zimmer. Er hatte es mit seinen Eltern erdacht und

gebaut und ihn störte nur eins: dass er es teilen musste. Teilen mit Luca, seiner gerade einmal neunjährigen Schwester. Und die war nicht nur verrückt. Nein, die war richtig durchgeknallt. Spleenig. Meschugge. Das heißt: Sie war einfach die Pest.

Doch noch schlief die Pest. So wie der Rosengarten schlief. Während die Südstadt mit ihren Fabriken und Schornsteinen längst aufgewacht war. Während die Menschen, die dort lebten, seit Stunden arbeiteten, war es auf der Nordseite noch absolut still.

Ja, absolut still. Bis auf ein leises Geräusch im Inneren des Baumhauses. Das Geräusch eines Jungen, der nur eines wollte: Rennfahrer sein. Der schnellste und beste Fahrer der Welt. Teuflisch verdrehte Haarnadelkurve! David träumte schon wieder mit offenen Augen, und aus seinem Mund ertönte ein Röhren, das einen Formel-1-Boliden mit Stolz erfüllt hätte. Noch fauchte er leise, während sein Blick durch das Baumhaus glitt.

Er sah Lucas Welt. Die Welt von Diamond Dachsmann, dem Superdachsmann von Drachenherz. Über den hatte ihr ihr Vater mehr als tausendundeine Geschichte erzählt und den lebte sie jetzt. Sie trug seine Mütze aus schwarz-weißem Fell. Selbst wenn sie schlief, trug sie den pelzigen Helm. Die Kettenhemduniform hatte sie samt Unterwäsche mit ihrer Mutter genäht. Die Buhmies, die Bumerangs Bäng, Buhm und Bäng, hatte ihr Vater für sie aus Treibholz geschnitzt und die hingen zusammen mit der Herz-von-Drachenherz-Kette an den Super-Elektromagnet-Heldenstiefeln über dem Bett.

Davids Blick schweifte über die knallrote Grenzlinie, die die Dachsmannwelt von seiner Welt trennte. So wie der Fluss den Norden vor dem Süden beschützt, beschützte sie seine Welt vor seiner Schwester: die Welt eines zukünftigen Profirennfahrers, die Luca niemals betreten durfte. Nein, nie und nimmer durfte sie das, denn sie würde alles zerstören. Alles, was David etwas bedeutete und dieses „Alles“ hing über ihm an der Wand: das Kart auf dem Poster.

Beim qualmenden Goodyearslick! Ein richtiges Rennkart. Das würde sich David in sechs Wochen kaufen. Am Ende der Ferien. Und jetzt raste er in seiner Vorstellung über die Bahn, die Kartbahn der Stadt: den Path of Glory. Der hing über ihm an der Baumhausdecke. Er hatte ihn detailgetreu nachgebaut. Jede Schikane und Kurve, die es dort gab. Und er kannte sie auswendig.
David schoss gerade in die Schneckenhauskurve und die hatte es in sich. Kurz vor der Geraden flog man schnell aus der Bahn. Doch

David war gut. Er fuhr ein erbarmungsloses Rennen gegen die Zeit. Er schaute zur Rennfahrerwanduhr neben der Kartbahn. Das blaue Kart auf dem Sekundenzeiger jagte das rote des Minutenanzeigers. Das Getriebe schrie auf. Der Motor heulte und jaulte. Die Hinterreifen begannen zu rutschen. Sie verloren den Grip. Das spürte sein Hintern. Sein Rennfahrerhintern. Oh Mann, war das knapp! Doch als das blaue Kart das rote kurz vor der Ziellinie überholte, als es endlich sechs Uhr war, hatte David es wieder geschafft. Er war Bestzeit gefahren: Rundenrekord.

David schrie auf. „Raaah!", schrie er. „Ja!"

Er gab wieder Gas, und während er triumphierend die Ehrenrunde drehte, weckte sein Motorenlärm seine Schwester.

„Oh nein! David, nein!", beschwerte sich Luca und kroch dabei unter ihr Kuscheltier. Das war lebensgroß und – genauso wie sie – bis ins Detail ein echter Dachsmann von Drachenherz.

„Nein! Nicht schon wieder!", flehte das Mädchen.

Aber David hatte dafür keinen Sinn.

„Doch", rief er lachend. Er sprang aus dem Bett. „Es ist endlich sechs. Endlich sechs Uhr."

„Ja, David sechs", verfluchte ihn Luca. „Doch heute ist Samstag. Samstag, kapierst du?! Heilige Wildernacht, und wir haben Ferien!"

02 Erdbeeren mit Zahnpasta

Blitzschneller Boxenstop. Hose, T-Shirt, Schuhe. Die lagen noch genau so neben dem Bett, wie er sie gestern ausgezogen hatte. Jetzt nur keine Zeit verlieren!, dachte David und schlüpfte schon auf dem Weg ins Bad in die Klamotten.

„Hosenknopf zu, fertig und dann weiter geht's. Zähne putzen!", trieb er sich an und schaltete einen Gang höher: „Dass der Mund schäumt wie ein qualmender Reifen!"

„David, du nervst!", schimpfte Luca unter dem Dachsmann.

Doch das war genau das, was David wollte: Schwesterchen nerven! Er schoss aus dem Zimmer. Achtung Kurve! Kurz in die Bremsen. Dann Treppe hinunter. Scharf links in die Küche. Auf dem Scheitelpunkt Gas geben. Bis zum Waschbecken noch mal richtig beschleunigen. Zahnbürste aus dem Mund und dann noch der butterweiche 180-Grad-Slide nach rechts!

„Raaah! Fertig! Geschafft!"

Gekonnt drängte David seine Mutter zur Seite und spuckte die Zahnpasta ins Küchenspülbecken, direkt auf die frisch geviertelten Erdbeeren, die sie dort fürs Frühstück wusch. Doch David schien das nicht zu bemerken.

Er saß längst am Frühstückstisch und nahm sich ein Brötchen. Er war voll konzentriert auf das, was er tat. Denn das wusste David: Nur wenn alle Handgriffe saßen und wie Zahnräder ineinandergriffen, war eine neue Bestzeit möglich. Das hatte er von den Profis gelernt. Doch plötzlich spürte er den Blick seines Vaters. Er sah, wie der zur Mutter schaute. Zur Mutter am Spülbecken. Er wollte etwas sagen. Etwas wie: „Tickst du noch richtig!“ Doch David war schneller und kam ihm zuvor:

„Ich hab keine Zeit!“, erklärte er ihm, während er vom Brötchen abbiss und dann, fast ohne zu kauen, schluckte. „Ich habe drei Jobs! Drei Jobs jeden Tag! Sechs Tage die Woche.“

Sein Vater war sprachlos.

„Und das die gesamten Sommerferien! Die gesamten sechs Wochen, und wenn die Schule dann losgeht, hab ich das Geld für mein Kart.“

Er sprang wieder auf, griff seine Lederjacke und den Rennfahrerhelm, die beide wie die seines Vorbilds aussahen: wie Jacke und Helm von Steve McQueen. Er zündete seinen Rennkartmotor. Sein Mund machte dazu die coolsten Geräusche und er rannte zur Tür, die in den Garten führte. Doch gerade in dem Moment, als er die Klinke berührte, riss ihn ein unsichtbares Gummiband wieder zurück.

„Halt!“, sagte sein Vater.

Er sagte das cool. Ganz ruhig und leise, so wie er das immer tat, wenn David zu frech war. Und dem blieb nichts anderes übrig, als eine Vollbremsung hinzulegen. Nein er wurde gebremst. Das „Halt“ hielt ihn fest und dann hörte er sein Todesurteil:

„Ich glaube, du hast da noch was vergessen!“, sagte sein Vater und David drehte sich ganz langsam um.

Er drehte sich um, obwohl er es nicht wollte. Obwohl es ihm wehtat. Er stöhnte und seufzte und sein Blick sprühte Funken, Funken vor Zorn, als er auf seine Schwester fiel: auf Luca. Die stand da im Dachsmannunterwäschenschlafanzug und hielt ihren Kuscheldachsmann an der Pfote. Sie stand an der Treppe, die zum Baumhaus hochführte.

„Oh nein, bitte nicht!", seufzte er wie ein Fahrer, dem ein gerupftes Huhn kurz vor der Ziellinie die Straße versperrt.

„Doch!", sagte seine Mutter und kannte kein Mitleid. „Das war unser Deal!"

„Nein, das ist Wucher!", protestierte David energisch „Die ist ein Kolbenfresser!" Er suchte verzweifelt nach noch schlimmeren Worten.

„Die da ist ...“
„... deine kleine Schwester“, ermahnte ihn seine Mutter, worauf sich Luca vehement beschwerte. „Ich bin keine Schwester!“, rief sie erbost. „Ich bin der Superdachsmann von Drachenherz!“
„Ganz genau!“, lachte sein Vater, und während Luca auf seinen Schoß krabbelte und ihn grinsend umarmte, erinnerte er David an das, was der in diesem Moment überhaupt nicht mehr wissen wollte. „Sie ist der Dachsmann von Drachenherz, um den du dich in der schulfreien Zeit brüderlich kümmerst. Dafür zahlen wir dir die Hälfte des Karts.“
„Ja, und ich zahl die andere!“ David blitzte ihn an. „Und weil ich das tue, muss ich jetzt weg. Jetzt und sofort und das tut mir leid, denn die da ...“, er zeigte verächtlich auf seine Schwester, „... ist noch nicht einmal angezogen. Und dann, dann muss sie auch noch frühstücken!“
Er rannte zur Tür. Er musste hier raus. Er konnte seine Schwester heute gar nicht gebrauchen. Doch die Tür war nicht da.
Oder besser gesagt. Dort wo sie bis gerade eben gewesen war, stand jetzt seine Mutter und die hielt die Erdbeeren vor ihrer Brust.
David starrte sie an.
„Genauso wie du!“, sagte sie lächelnd. „Du hast auch nicht gefrühstückt. Und du kannst die Erdbeeren haben. Hier! Die mit der Zahnpasta sind besonders gut.“ Sie nahm eine Gabel, pikste in eine der weiß-roten Früchte und bot sie ihm an.
„Dafür bring ich dich um!“ David sagte das lautlos. Aber der Blick, den er seiner Schwester zuwarf, sollte sie töten: „Dafür bring ich dich um! Du, du, du Diesellutscher!“
Doch er hatte verloren.

„Papa, David hat Diesellutscher zu mir gesagt!“, triumphierte das Mädchen auf dem Schoß seines Vaters und David blieb nichts anderes übrig. Er biss in die Zahnpasta-Erdbeere und schluckte sie würgend.

03 Diamond Dachsmann von Drachenherz

David war abfahrbereit. Er steckte die letzte der zusammengerollten Zeitungen in einen der Köcher, die er links und rechts neben dem Schalensitz angebracht hatte. Dann setzte er den Helm auf und schwang sich in sein Gokart. Das hatte er so umgebaut, dass es fast so aussah wie das Rennkart auf dem Poster über seinem Bett. David hatte die aus Plastikrohren gebauten Spoiler und Kotflügel blau-weiß lackiert und mit Rennaufklebern versehen. Und wenn er – so wie jetzt – seine täuschend echten Motorengeräusche fauchte und röhrte, war die Illusion perfekt. Dann war er wieder auf der Kartbahn.

Dem Path of Glory. Der Straße des Ruhms.
David trat in die Pedale. Zeitungaustragen war der erste der drei Jobs, die er ab jetzt jeden Tag erledigen musste, und weil es drei Jobs waren, hatte er keine Zeit. Das hatte er seinen Eltern beim Frühstück mehr als deutlich erklärt und deshalb konnte er nicht länger auf seine Schwester warten. Zum Glück konnte er das nicht. Er fuhr durch den Garten auf das Gartentor zu. Gleich war er weg. Gleich würde er Luca, den Zahnpasta-Erdbeeren und dem Wucher-Babysitter-Deal mit seinen Eltern doch noch entkommen.
Da stürzte seine Schwester aus der Tür.
„Halt! Warte auf mich!“, rief sie aufgeregt und wedelte dabei mit ihren Dachsmann-Kettenhemd-Uniformarmen. „Ich bin doch schon fertig. Ich komme ... ahhhh!“
Sie spreizte die Finger mit den Krallenhandschuhen, versuchte verzweifelt, sich in der Luft festzuhalten und dotzte der Länge nach auf den Boden. David stieg in die Bremsen und sah die Gitterfußmatte, die an Lucas Super-Elektromagnet-Heldenstiefeln klebte. Die hatte sie von den Beinen geholt und die fiel erst wieder von den Schuhsohlen ab, als Luca den Schalter an ihrem Gürtel betätigte.
„Da muss ich was ändern!“, erklärte sie ernst. „Dieser reptisch versepte Schalter hat einen Wackelkontakt.“
Sie stand mürrisch auf, ging zu ihrem Kart mit dem Dachsmannkissen als Kühlerknautschzone und den Brems-Regen-Fallschirmen am Heck. Sie setzte den Cromwellhelm auf die Dachsmannmütze, die sie wie ihre eigenen Haare trug, und fragte dabei, als wäre das mit der Fußmatte gerade gar nicht passiert:

„Was heißt das eigentlich: Dieselutscher?"
David verdrehte hilflos die Augen.
„Luca!", zischte er zornig. „Fehlzünder! Vollpfosten! Luca. Das heißt alles ein und dasselbe."
Er trat in die Pedale und raste mit durchdrehenden Reifen davon.
„Ach ja!", schimpfte Luca und folgte ihm schnaufend. „Und was hat der Vollpfosten mit mir zu tun?"
Sie fuhr durch das Gartentor auf die Straße hinaus.
„Und ich heiße nicht Luca!"
Sie verpasste die Kurve.
„Ich bin der Dachsmann von Drachenherz!"
Sie schoss ihre schwarz-weißen Bremsschirme ab.
„Ich bin ein Superheld! Hörst du? Oh! Aua! Aaaah!", schrie sie vor Schreck und raste in die extra für sie auf der anderen Straßenseite aufgestellten Heuballen hinein.
David bremste, drehte sich Staub aufwirbelnd um die eigene Achse und schüttelte einfach nur noch den Kopf.
„Nein, du bist meine Schwester", sagte er, als würde er sich dadurch selbst zum Tode verurteilen. „Und du klebst an mir dran, wie ein alter Kaugummi. Shit!"
David schaute auf seinen Schuh, dessen Absatz sich gerade in einen alten Kaugummi grub. Einen rosa Kaugummi. Einen Kaugummi, so wie Luca ihn in diesem Moment aus lauter Verlegenheit in ihrem Mund zerplatzen ließ.

04 Die Strasse des Ruhms

David versuchte, den Zorn auf seine Schwester einfach aus sich herauszurasen. Er spürte den Wind. Er genoss die Geschwindigkeit und fühlte den Grip der Reifen auf dem Asphalt. Er fühlte ihn mit beiden Pobacken. Beim qualmenden Goodyear. Sein Hintern war Gold wert. Ein richtiger Formel-1-Rennfahrer-Weltmeister-Hintern! Und mit dessen Hilfe glitt David wie auf Schienen durch die Straßen der Stadt. Er fuhr so rasant, elegant und perfekt, dass Fußgänger stehen blieben, um ihm hinterherzusehen. Und dabei warf er die Zeitungen aus voller Fahrt über Hecken und Vorgartenzäune in die Briefkästenschlitze, wo sie wie Pfeile stecken blieben.
Die Köcher neben seinem Kopf leerten sich schnell und der erste Job war geschafft. Da fuhr er vor Luca an der Brücke vorbei. Die spannte sich über den Fluss in den Süden der Stadt. Direkt hinüber in die verbotene Zone. Doch dort trug David keine Zeitungen aus. Dort ging man nicht hin. Der Fluss war die Grenze, eine natürliche Mauer, die den Norden beschützte. Das wussten hier alle und ganz besonders kleine Schwestern wie Luca. Die holte David zum ersten Mal ein. Weil sie sich vor Angst in die Hosen machte.
„Wir müssen hier weg!“, rief sie aufgeregt, „Das ist zu gefährlich.“
Doch David hatte dafür keinen Kopf. Er bog in die nächste Seitenstraße und jagte direkt auf die Kartbahn zu. Die Kartbahn, von der ein Junge nur träumen konnte. Und davor stand der Mast. Er reichte vom

Parkplatz bis zu den Wolken hinauf und auf seiner Spitze thronte das Logo: THE PATH OF GLORY.
„Die Straße des Ruhms!", übersetzte David ehrfürchtig und las das Motto, das darunter stand: „Für die Besten der Besten!"
Davids Augen strahlten wie Scheinwerfer in einer pechschwarzen Nacht. Hier wollte er fahren. Hier wollte er siegen. Ja, und hier wollte er einmal zu den Besten gehören. Zu den Besten der Besten.
Da raste Luca hinter ihm um die Ecke und sie bremste nicht vor der Kurve, sondern erst mittendrin. Dann erst, wenn es desasterzuspät war. Nein, das würde sie niemals kapieren. David sah alles, bevor es passierte. Luca verlor die Kontrolle über ihr Kart. Die Reifen verloren den Halt. Das Dachsmanngefährt begann, sich wie ein Propeller zu drehen. Es wirbelte um die Bremsfallschirme und katapultierte sich samt Fahrer in die Obstkisten vor Frodo Bilboas Schnellimbiss-Eisdielen-Restaurant: dem Döner Diner, der sich in einem silbernen Wohnwagen direkt gegenüber dem Tor der Kartbahn befand.
David rollte nur mit den Augen: Das war seine Schwester! Das war der Kolbengefressene-Fehlzünder-Dieselllutscher-Dachsmann, der ihn aus seinen Träumen riss. Doch dafür würde sich David rächen. Dafür gab es Job Nummer zwei.

05 Die aus dem Süden

„Job Nummer zwei! Job Nummer zwei! Ich lache mich tot!“, schimpfte Luca und balancierte das gigantische Styropor-Hotdog, das zweimal so groß war wie sie selbst, auf dem Kopf durch den Supermarkt. „Und wieso trag ich dann die Wurst? He, David Michele!“

„Pssst! Keine Namen!“, zischte David sie an. „Wir wollen doch nicht, dass uns jemand erkennt. Das wär doch zu peinlich.“

„Erkennt oder peinlich?“, blaffte Luca zurück, die unter dem Hotdog ihre Uniform trug. „Mich erkennt hier doch jeder.“

„Genau“, grinste David und stellte sich vor, wie Luca vor Scham im Boden versinken würde, wenn sie in diesem Kostüm auf einen Schulkameraden treffen würde. „Aber mich erkennt keiner. Und ich bekomme ’nen Fünfer pro Stunde dafür, dass du hier das Würstchen spielst. Und einen Zehner für mich. Das macht 75 am Tag und das mal die Ferien und meine beiden anderen Jobs sind 3175 Euro. Kapiert?“ Er tanzte vor Freude und es störte ihn nicht, wie ihn sein Kostüm dabei zwischen den Beinen zwickte. Er tanzte und sang: „Ich bin doch kein Schurke, nein, das bin ich nicht. Ich bin ’ne ehrliche Gurke, schau mir ins Gesicht. Frei von Chemie und rein biologisch. Aus deutschen Landen frisch auf den Tisch. Schau mir ins Gesicht. Ich bin eine Gur... ke ...„ David stockte der Atem und er verstummte sofort. Da war Kiki Lilou. Das Mädchen aus seiner Schule. Aus seiner Klasse. Das einzige Mädchen, das ihn vielleicht interessierte. Vielleicht. Ja, vielleicht und

LEMAN'S 24
SUPERMARKT

wenn überhaupt! Und die stand jetzt vor ihm und schaute ihn aus dem Schatten der tief in die Stirn gezogenen Kapuze neugierig an. Ihr Gesicht war genauso ölverschmiert wie das Sweatshirt und die zerrissene Jeans. Doch David war das egal. Für ihn war das so was wie das perfekte Make-up. Sie war wunderschön und weil sie das war, hoffte er inständig, dass sie ihn in seinem Gurkenkostüm und unter dem grün geschminkten Gesicht mit der angeklebten Gurken-Pinocchio-Nase auf keinen Fall erkennen würde.

„Willst du vielleicht eine Gurke?", fragte er heiser und würgte die Wörter aus seinem Hals, der so trocken war, als hätte Voldemort den Supermarkt persönlich in einen Backofen verwandelt.

„Ähm, willst du eine Gurke?", fragte er noch mal, während Kiki den Kopf auf die Seite neigte, als könnte sie so durch die Schminke schauen.

Doch David blieb cool. Er stach mit der Gabel in das Gurkenfass, das er unter dem Arm trug, und zog eins der Ebenbilder seiner Nase heraus. Na, nimm schon! Los, nimm schon!, dachte er ungeduldig und suchte gleichzeitig nach dem Weg, auf dem er schnellstens verschwinden konnte.

Da hörte er Luca hinter sich.

„Oh, nein! Bitte nicht die! Hey, Kiki Lilou, das ist nicht mein Bruder!"

David ballte die Fäuste. So zornig war er. Zornig auf Luca. Doch das nutzte ihm nichts. Der Boden unter seinen Füßen war flüssig geworden und begann Wellen zu schlagen, als Kiki jetzt grinste.

„Hallo David!", sagte sie frech. „Da hätte ich dich doch fast nicht erkannt. Dabei bin ich nur hier, weil ich dich suche. Ich will dir was zeigen."

„Aber er will's nicht sehen."
Luca war bei ihm und stellte sich mit dem Rücken zu Kiki direkt vor ihm auf: „Das ist ein Mädchen!", zischte sie warnend. „Ein Mädchen, hörst du?! Und sie kommt aus dem Süden! Dem Süden, dem Süden! Und die ist verrückt!"
Sie wirbelte drohend zu Kiki herum.
„Zisch ab! Los, zieh Leine! Verdufte! Verschwinde!"
Sie sagte das laut, sodass jeder es hörte. Jeder im Supermarkt und davor auf der Straße.
„Verdufte! Verschwinde!"
Doch sie sah dabei wie ein Zwergpudel aus. Ein Zwergpudel, der, während er bellt, schon rückwärts zu seinem Herrchen flieht. Deshalb packte sie David und zog ihn hinter sich her.
„Das ist nicht mein Bruder David Michele. Das ist eine Gurke!"
So, jetzt wusste es jeder und jeder sah David in seinem Gurkenkostüm, als Luca mit ihrem riesigen Würstchenhut die noch riesigere Pyramide aus Gulaschsuppenkonserven rammte und in sich einstürzen ließ.

06 Die richtigen Freunde

Sechs Stunden später – nach dem fünf Stunden dauernden Job, mussten Luca und David die Gulaschsuppenpyramide wieder aufbauen – sechs Stunden später saß Luca allein an einem Tisch auf der Terrasse des Döner Diner am Rande des großen Parkplatzes vor der Kartbahn. Sie ließ eine rosarote Kaugummiblase aus ihrem Mund wachsen. Eine rosarote Blase aus Super-Diamond-Dachsmann-von-Drachenherz-Trotz. Doch als die Blase zerplatzen sollte, riss sie nur ein und fiel schlaff über Lucas Kinn und Nasenspitze, wo sie sich klebrig festsaugte. Im selben Moment knallte ein Eisbecher vor ihr auf den Tisch. Luca zuckte zusammen und sah ihren Bruder bedröppelt an.

„Ich hab dich beschützt", sagte sie vorsichtig und zog ihren Kopf wie eine Schildkröte ein. „Du hast nicht gewollt, dass wir uns blamieren."

David blitzte sie an. Und obwohl er vor Wut vergessen hatte, sich abzuschminken, obwohl er noch immer die grüne Schminke samt Gurkennase trug, sah er dabei sehr gefährlich aus. „Genau. Und damit das nicht noch einmal passiert, bleibst du bis um halb sieben hier."

„Das sind mehr als zwei Stunden!", protestierte Luca. „Und du musst auf mich aufpassen."

„Das tut der Eisbecher!", blaffte David zurück. „Ich kann dich nicht brauchen. Du bist ein Tollpatsch, ein ..."

„Diesellutscher?", flüsterte Luca und sah ihren Bruder mit einem Zuckerblick an, der den Eisbecher beinah zum Schmelzen brachte.

„Lass das!", wehrte sich David. „Ich will mal dahin!" Er zeigte auf das Logo des Turms vor der Kartbahn, das in schwindliger Höhe an den Wolken kratzte. „Sobald ich mein Kart hab, werde ich zu den Besten gehören. Zu den Besten der Besten! Raaah!", kam David ins Schwärmen und machte wie immer, wenn er von der Kartbahn träumte, ein täuschend echtes Motorengeräusch. Doch dieses Mal war das Geräusch zu echt. Das waren mindestens acht Zylinder, und im nächsten Moment tauchte der Porsche Panamera Turbo S auf dem Parkplatz auf. Er zog einen Rennanhänger hinter sich her. Einen stromlinienförmigen Rennanhänger, und dessen Lackierung machte alles noch schneller: „Robin V. Acht!", las David die Buchstaben in königlich Rot zwischen mattschwarzen Rallyestreifen. Die schwangen sich elegant über das Silbermetall, das auch den Panamera schmückte.

„Das ist er. Der neue Sebastian Vettel!", brummte Frodo Bilboa. Der stämmige Italiener war aus dem Döner Diner gekommen und musterte David.

Der verschlang das Gespann mit einem neidlosen Blick. Der Porsche hielt vor dem Kartbahntor und als Sam Kamschik, der Kartbahnbesitzer den Anhänger öffnete, gab er den Blick frei auf ein fantastisches Kart. Das beste Rennkart, das David bisher in seinem fast 11-jährigen Leben gesehen hatte.

„Tja", seufzte Frodo. „Die wohnen da oben."

Er zeigte mit einem Kopfnicken zum Hügel hinauf. Zum Hügel der Villen.

„Ich meine ganz oben. Auf der Spitze des Hangs in der größten der Villen."

David schluckte beeindruckt.
„Kapierst du das, David?“ Frodo schaute ihn an. Wie oft hatte David hier auf der Terrasse gesessen und ihm von seinem Traum erzählt.
„Kapierst du das, David?“, fragte Frodo noch einmal. „Wenn du Rennfahrer werden willst, brauchst du sehr, sehr viel Geld.“
Doch in seiner Stimme klang auch noch etwas anderes mit. Etwas Warmes und Freundliches, ein geheimer Hintergedanke, ein Ratschlag für David. Frodo holte tief Luft.
„Sehr viel Geld, ja, oder vielleicht die richtigen Freunde.“
Er lenkte Davids Blick zu einer Ecke des Platzes. Dort saß Kiki Lilou in ihrem Gokart und das war verflixt noch mal richtig cool. Es war selbst gebaut und staunend sah David, dass alles, was an seinem Kart nur aus Plastik war, bei Kikis aus richtigem Eisen bestand. Aus rostigem Stahl.

„Die richtigen Freunde“, wiederholte Frodo Bilboa und ging in sein Diner.

Doch David verstand nicht, was er damit meinte. Er wischte sich durch das Gurkengesicht. Kikis Kart konnte noch so cool sein. Es war trotzdem nicht das, wovon er träumte. Er träumte von dem: Vom Path of Glory. Und deshalb wies er Luca zurecht.

„Hast du gehört?! Die richtigen Freunde. Deshalb bleibst du jetzt hier. Du rührst dich nicht von der Stelle. Und vor allen Dingen vergisst du den Superhelden. Du machst keine Heldentat. Das kannst du nicht, hörst du?!“

Damit lief er die Stufen zum Parkplatz hinab, sprang in sein Kart und raste nach dem Zeitungs- und Gurkenjob mit Vollgas Richtung Job Nummer drei. Den musste er noch erledigen, und dafür war es fast schon zu spät.

Luca sah ihm trotzig nach. Sie warf einen Blick auf den riesigen Eisbecher. Ha! Den würde sie doch in sieben Minuten verputzen. Doch zwei Stunden hatten 120 Minuten. Da blieben noch hundertdreizehn übrig. Und das war genug Zeit, um David zu zeigen, dass sie kein Diesellutscher war. Nein. Sie war kein Fehlzünder oder Vollpfosten. Und mit diesem Entschluss sah sie zum Turm vorm Kartbahneingang und las den Slogan unter dem Logo. Dem Logo, das an den Wolken kratzte:

„Für die Besten der Besten“, ließ sie die Worte auf ihrer Zunge zergehen. Zu denen wollte sie auch gehören. Und dass sie das wollte, würde sie ihrem Bruder beweisen.

David folgte unterdessen dem Pfeil, der zum Tanzsaal führte, und rannte die Marmortreppen des schlossähnlichen Hauses hinauf.
Er ignorierte die riesigen Bilder, die an den Wänden hingen. Sie zeigten Balletttänzerinnen in tülligen Röcken. David hatte es eilig, er war viel zu spät. Dafür hatte Luca mit ihren Eskapaden gesorgt. Die Gulaschsuppenpyramide hatte David nicht eingeplant und deshalb stürzte er, ohne anzuklopfen, in den Saal.
Dort bremste er ratlos. Er befand sich im Wald. In einem Wald aus Kostümen. Aus Zwergen-, Piraten- und Indianerkostümen. Die hingen an unzähligen Schneiderpuppen und die Spiegel an den Wänden vervielfältigten diese Anzahl noch einmal. David schaute sich um. Er suchte die Kostümbildnerin, für die er in den nächsten vier Wochen das Ankleidemodell sein würde. Da hörte er ihre strenge Stimme.
„Ich hatte eigentlich ein Mädchen erwartet."
David entdeckte die ganz in Schwarz gekleidete Frau an einem Tisch vor dem Fenster.
„Und erst recht keine Gurke."
Sie musterte Davids Gurkengesicht.
„Wenn du auch nur einen Fleck auf ein Kostüm machen solltest, zahlst du es, hörst du. Wir fangen mit dem an." Sie zeigte nach links. „Und das, kleiner Mann, ist das Teuerste. Es kostet dich mindestens fünfhundert Euro."
„Das ist nicht ihr Ernst!", flüsterte David geschockt, doch die Schneiderin zuckte nur mit den Achseln.
„Ich hab doch gesagt, ich hab ein Mädchen erwartet. Und jetzt beeil dich gefälligst. Wir sind schon spät dran."

Das Grün in Davids Gesicht wurde blass und die Gurke begann, wie die Nase von Rudolph, dem Rentier, zu glühen. Doch er wollte das Kart und auf die Straße des Ruhms. Deshalb zog er die Jacke aus. Die Jacke, die Hose, das T-Shirt, die Socken, und dann zog er das Elfenkostüm über den Kopf.

07 Du willst der Beste sein

Sieben Minuten. Was hatte Luca gesagt?!
Der Eisbecher war ausgeschleckt und der Löffel lag blitzblank daneben auf dem Tisch. Damit war das Ersatzkindermädchen, das David ihr spendiert hatte, verputzt und niemand hinderte Luca mehr daran, es allen zu zeigen.
Deshalb stand sie jetzt vor dem Mast. Dem Mast vor der Kartbahn, der bis in den Himmel reichte, und starrte entschlossen zu dem Schriftzug empor, der sich in leuchtend roten Buchstaben um das Logo schwang: Für die Besten der Besten!
„Ha! Ich bin kein Diesellutscher!“, zischte Luca und machte sich Mut.
Sie wurde noch trotzig entschlossener und vergaß ihre Höhenangst. Ja, Lucas Höhenangst war berühmt und berüchtigt. Aber jetzt schaltete sie ihre Magnetstiefel ein. Ihre Super-Elektromagnet-Heldenstiefel. Das Lämpchen am Gürtel begann zu blinken.
„Ich bin Diamond Dachsmann von Drachenherz. Aus den Hallen der Kurzen. Der Bezwinger der Spinne, der Reps und der Sekten, und allen Monstern, die in Wildernacht hausen. Ich hab keine Angst vor einer Menschenleiter. Die pack ich mit links.“
Sie holte tief Luft.
„Ich gehör zu den Besten!“
Dann schloss sie die Augen und trat auf die Sprosse. Die erste von hundert oder vielleicht hundertfünfzig.

Huh. Das tat gut! Es klackte und klockte, wenn sich die Magnetstiefel an die Metallstäbe saugten und das gab Luca nicht nur sicheren Halt. Es nahm ihr die Angst. Sie stieg die Leiter hinauf, und weil sie dabei die Augen nicht öffnete, sah sie auch nicht, wie hoch sie schon war.

Genauso wie David. Auch er hielt die Augen zusammengepresst und stand auf dem Tisch vor der Schneiderin. Er drehte sich langsam für sie im Kreis und seufzte bei jedem Nadelstich, mit dem sie den Tüllrock um seine Hüfte in flaumweiche, wolkige Falten warf. Das war eine Qual und Demütigung. Das hielt er nur aus, indem er seinen Traum träumte. Den Traum von der Kartbahn und dem eigenen Kart. David stellte sich vor, wie er darin fuhr. Über die Straße des Ruhms. Er machte Motorengeräusche mit seinem Mund und er zuckte mit beiden Füßen, wenn er Gas gab und bremste.
„Autsch!“, schrie er auf, als eine Nadel ihn pikste. Doch die Schneiderin, die davon noch ein Dutzend wie Giftstacheln zwischen den Zähnen hielt, zischte genervt.
„Dann halt auch mal still. Ich bin ja gleich fertig.“
Doch dieser Satz war ein falsches Versprechen. Er war blanker Hohn. Denn das, was jetzt folgte, war noch viel schlimmer als das Tütü oder die glitzernden Elfenflügel auf seinem Rücken. Die Schneiderin fasste an seinen Fuß, denn der steckte in einem seidigen Socken. Doch das war kein gewöhnlicher Socken. Das war ein Strumpf, verziert mit Blumen und Spitzen, und den rollte sie hoch. Über das Knie bis auf die Hälfte des Oberschenkels und dort hakte sie ihn am Strapsgürtel ein.
„Nein. Bitte nicht!“ David öffnete vor Entsetzen die Augen. Das war zu

viel. Das hielt kein Traum aus. Selbst dann nicht, wenn ihn der Beste träumt. Das war die Hölle! Oder Halt! Das war sie noch nicht!
„Oh nein, bitte nicht! Lucaaaa!“, schrie David entsetzt und starrte dabei aus dem Fenster des Tanzsaals.
Dort über den Dächern sah er den Turm. Den Mast der Kartbahn und unter dem Logo stieg seine Schwester jetzt die Leiter empor. Seine neunjährige Schwester, auf die er aufpassen musste, die Höhenangst hatte und der schon schwindelig wurde, wenn sie vom Bordstein auf die Straße stieg.
David stieß die Schneiderin weg. Er sprang vom Tisch und rannte quer durch den Saal. Er warf dabei Piraten um, vier Piraten und fünf Indianer, fand zwischen all den Spiegeln die Tür und raste die Treppen hinab und über die Straßen, bis er auf den Parkplatz kam. Dem Parkplatz vor der Kartbahn und dem endlos hohen Turm, auf dem Luca gerade – in über 20 Metern Höhe – den Schriftzug unter dem Logo erklomm.

08 Traumkiller

„Dafür bring' ich dich um! Hörst du mich, Luca?" David rannte in Ballettschühchen über den Parkplatz und riss sich die Elfenflügel vom Rücken. „Komm sofort runter, oder ich bringe dich um!"
Doch Luca, die gerade von der Leiter am Mast auf das *der* aus dem Schriftzug „Für die Besten der Besten" kletterte, trotzte energisch.
„Nein. Das kannst du nicht, David. Ich gehör zu den Besten!!"
Sie spürte den Grip der Magnetschuhe auf dem Gerüst, das die Buchstaben hielt. Sie fühlte sich superdachsmannheldenhaft sicher und öffnete deshalb langsam die Augen.
„Und hier oben ist es so wunderschön!" Sie schaute begeistert über die Stadt.
„Oho und ohweh!" Sie schaute plötzlich in die Tiefe. „Beim doppelgiftschwänzigen Rochenwaran! Und es ist verflucht noch mal hoch! Viel zu hoch, David!"
Die Höhenangst packte sie. Der Turm begann in ihrer Vorstellung wie ein Grashalm zu wanken. Ein Grashalm, auf dem sie wie ein Hornochse saß. Ein viel zu großer und schwerer Hornochse, der gleich in die Tiefe stürzen würde. Sie sah, wie das Blinklicht an ihrem Gürtel zu flackern begann: Nein, bitte jetzt nicht auch noch der Wackelkontakt!
„David! Hey David!", rief Luca verzweifelt. „Der Dachsmann hat Angst. Ganz große Angst!"
„Und das soll er auch, Luca, denn ich bringe ihn um!" David stieg

längst die Leiter empor. „Wenn du das überlebst, Schwesterchen, bring ich dich um!"
„Nein! Ich bin keine Schwester! Und ich will noch nicht sterben!" Luca sah David die Leiter hocheilen. Sie schloss ihre Augen und stellte sich auf. Auf den kreisrunden Bauch des *d* aus dem *der*. Sie klammerte sich an den Buchstabenhals und streckte die Hände nach dem Schwanz des Ypsilons aus. Dem Ypsilon aus dem Wort *Glory* im Logo. Ruhm hieß das, ja, und sie musste David entkommen. Sie musste nach oben. Das war der einzige Weg, der ihr blieb. Auch wenn das eine Sackgasse war. Sie hatte nur Angst. Angst vor dem wütenden David und diese Angst war noch größer, tausendmal größer als ihre Höhenangst.
„Ich will noch nicht sterben!", rief Luca verzweifelt. Sie griff mit den Krallenhandschuhen nach der Kante des Blechs, das den Buchstaben formte. Doch die war einen Zentimeter zu hoch. Sie stellte sich auf die Zehenspitzen. Ja, das reichte jetzt aus. Ihre Fingerspitzen berührten das Ypsilon. Da erlosch das Licht an ihrem Gürtel. Die Magnete in ihren Stiefeln verloren die Kraft. Sie sah erschrocken in die Tiefe. Sie rutschte mit ihren Füßen ab. Sie schrie entsetzt auf.
„Nein, David! Nein!"
Sie spürte den Fall. Sie wollte nicht sterben. Sie wirbelte mit den Armen um sich und schlang sie im allerletzten Moment um die untere Krümmung des bauchigen *d*. Dort hing sie wie in einem Rettungsring und strampelte mit den Beinen.

„Bleib da, wo du bist!“, schrie David entsetzt. Ihn trennten noch fünf Meter von seiner Schwester. Solange musste sie durchhalten. Nein! Sie durfte nicht fallen.

„Bleib da, wo du bist! Ich bin doch gleich bei dir!“

„Und dann bringst du mich um!“ Luca sah ihren Bruder und versuchte zu fliehen. Sie strampelte mit den Beinen herum, verlor ihre Schuhe und sah hilflos zu, wie die Super-Elektromagnet-Heldenstiefel in den Abgrund stürzten.
„Oh, mein Gott! Luca, nein, ich tue dir nichts. Ich tue dir nichts, wenn du dich nicht mehr bewegst.“
„Dann musst du das schwören! David, los, schwör's!“
David hielt inne und schaute nach oben.
„Okay. Ich schwör es bei meinem Leben!“
Er kletterte weiter, doch seine Schwester hielt ihn noch einmal zurück: „Nein, schwör es bei Drachenherz und all seinen ...!“
Da verlor sie den Halt. Sie rutschte vom *d*. Aus dem bauchigen Kreis. Und David, der das mit Schrecken sah, schwor alles, was sie wollte.
„Ja, Luca, ich schwör's, ich schwör's bei den Helden von Drachenherz. Bei allen, hörst du, die es gibt! Beim Dachsmann, bei Goldfinger und Kurz Null Null Zero. Bei Freddy, dem Freak, und PSP Charly! Ich schwör es bei allen!“
Die Namen purzelten aus David heraus. Er erinnerte sich plötzlich an alle Geschichten. Die hatte ihr Vater Luca erzählt und sie hatte gelacht, geweint und mit ihren Helden gezittert. Ja, sie hatte gelacht und sie hatte – beim heiligen Turbolader – das schönste kleine-Pest-schwester-Lachen der Welt. Und das wollte David sein Leben lang sehen. Sehen und hören.
„Nein, bitte halt durch! Ich werd dir nichts tun. Ich schwör es beim Herz von Drachenherz. Bei Sally Wild Blanche und beim *Flüsternden Riesen*!“

Da rutschte sie ab. Lucas Arme verloren den Halt und sie fiel in Davids Arme hinein. Oh Gott, sie war sicher! Ja, und die Sirene der Feuerwehr, die sie jetzt hörten, klang wie Musik. Die Musik am Ende eines spannenden Films, wenn alle Guten gerettet werden.
David und Luca sahen auf den Parkplatz hinab. Dort rasten die Feuerwehr, ein Auto des Tagblatts und der Heinkel Kabinenroller ihrer Eltern am Döner Diner vorbei. Sie hielten vor der Kartbahn und liefen unter den Turm.
„Rührt euch nicht von der Stelle!“, rief ihre Mutter zu ihnen hinauf, und das klang gar nicht ängstlich. Das war ein Befehl. Ein Befehl, den David und Luca nur zu gerne befolgten. Und dann rief ihr Vater: „Ich komm zu euch. Wir holen euch runter.“
Er stand längst im Korb der Feuerwehr an der Spitze der Leiter und die fuhr in diesem Augenblick zu ihnen empor.
Luca lachte erleichtert und sie verlor ihre Angst. „Oh, das da ist Papa, und er wird uns retten. Er rettet uns, David, und wir werden berühmt. Wir kommen sogar in die Zeitung, siehst du?!“
Sie sah den Journalisten, der fotografierte, und wedelte mit ihren Armen:
„Hier oben sind wir, hier bei den Besten der Besten! Hier steht der Dachsmann von Drachenherz und sein ganz großer Bruder!“
Da sah sie David zum ersten Mal an.
„Dreifach geölter Pavianpo! Was hast du denn da an? Oh Mann, ist das peinlich!“
Und mit einem Schlag wurde David bewusst, dass er noch immer im Elfenkleid steckte. Mit Rüschenrock, Strapsen und Gurkennase. Er

schloss seine Augen. Doch obwohl er das tat, obwohl er sie ganz fest zusammenkniff, sah er alles, was passierte.
Er sah den Blick von Frodo Bilboa, wie er sich für ihn zu schämen begann. Ja, er schämte sich fremd und schaute zu Kamschik. Sam Kamschik, dem Kartbahnbesitzer, dem David doch einmal zeigen wollte, dass er gut genug war, um auf seiner Kartbahn zu fahren.
Er sah den Blick von Kiki Lilou, wie sie darauf wartete, dass er sie ansah, und wie sie sich wegdrehte, als er es nicht tat. Er sah sie in ihr Gokart steigen. Das coole Gokart aus rostigem Stahl, und er sah, wie sie wegfuhr.
Er sah die Blicke von Robin Veith Acht. Dem Jungen, der, obwohl er genau so alt war wie er, schon alles besaß, wovon David nur träumte. Robin stieg aus seinem fantastischen Kart und stellte sich in seinem Rennanzug auf. So sah er wirklich schon aus wie Sebastian Vettel. Und dieser Robin sah zu ihm hoch. David fühlte sein Grinsen. Es war voller Spott.
„Hey, Papa!“, rief Robin, „Das musst du dir anschauen. Da hängen ein Superfreak und eine Gurke herum.“
David hörte den Satz, als die Feuerwehrleiter sie endlich erreichte. Doch während Luca erlöst und begeistert auf den Arm ihres Vaters hüpfte, stieg er todtraurig in den Korb. Er wäre am liebsten auf dem Mast geblieben. Hier, bei seinem Traum. Dem Path of Glory. Der Straße des Ruhms, auf der er niemals fahren würde. Das wusste er jetzt. Denn als sich der Korb auf den Parkplatz senkte, sah David die Schneiderin aus der Ballettschule kommen. Er sah ihren strengen, vernichtenden Blick und mit ihrem Blick fühlte er jeden Riss im Tütü.

8

Er spürte die Laufmaschen in den hauchdünnen Strümpfen und die grünen Flecken auf seinem Kleid.
500 Euro!, schoss es ihm durch den Kopf. 500 Euro hatte er ruiniert. Und das war das Aus. Das Aus aller Träume. Er sah seine Ersparnisse durch die Finger rinnen. Und die reichten nicht aus.

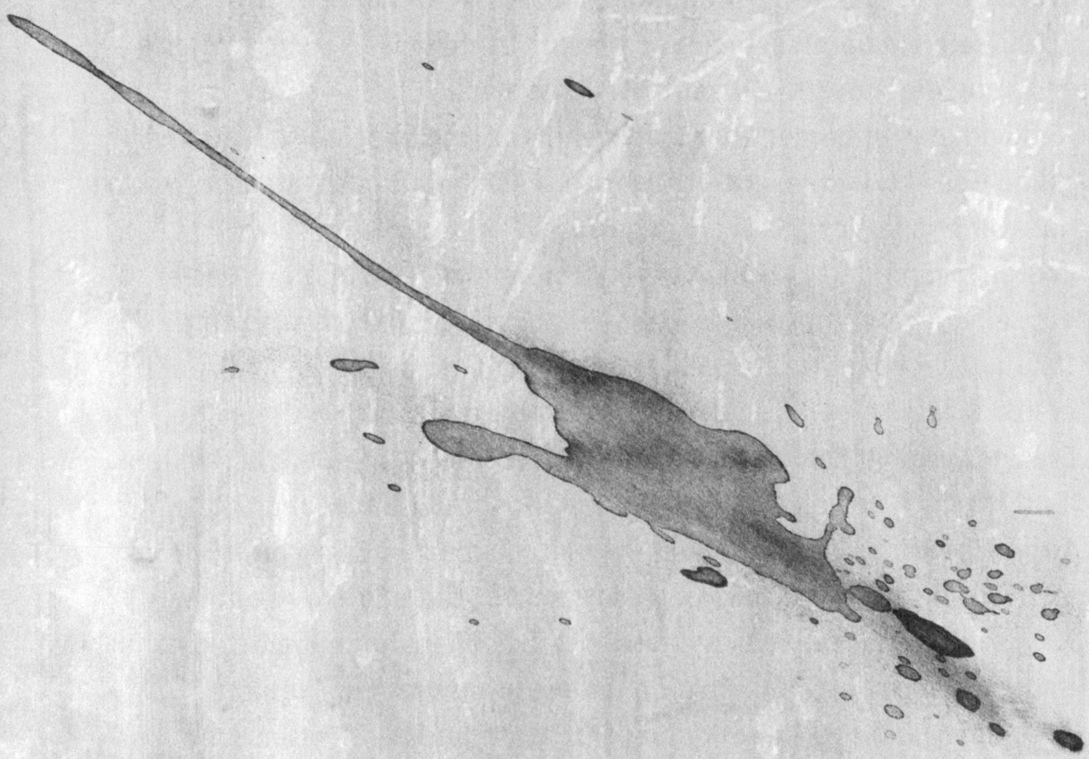

09 Mama und Papa können nicht helfen

Als sie endlich nach Hause kamen, riss David das Kartbahnmodell von der Decke über seinem Bett im Baumhausanbau und verkroch sich damit im Garten. Er wollte nie wieder mit jemandem sprechen. Er wollte niemanden sehen, und obwohl es noch warm war, fröstelte er. Er zog die Steve-McQueen-Cafe-Racer-Jacke über das rosa Ballettkleid, das er immer noch trug, schniefte und wischte sich durchs grüne Gesicht, in dem auch die Gurkennase immer noch steckte. Doch das war ihm inzwischen völlig egal.

Er starrte nur auf das Modell der Kartbahn, des Path of Glory, das er mit seinem Vater an endlosen Winternachmittagen bis ins kleinste Detail nachgebaut hatte. Die Gefühle tobten in ihm herum und zum ersten Mal in seinem Leben wusste er nicht mehr, was er tun sollte.

Die Zeit verging. Es wurde dunkel. Da kam seine Mutter endlich zu ihm.

„Darf ich mich setzen?“, fragte sie ihn und ihre Stimme klang dabei so wie ihr Name. Angelina hieß Engel und so einen Engel brauchte er jetzt. Deshalb sagte er nichts. Er sagte nicht Nein, und weil er nicht Nein sagte, setzte sich sich neben ihn. Zwischen ihn und die Kartbahn und das eingeschweißte Paket mit den Zeitungen vom Tagblatt.

„Eigentlich wollte er Rennfahrer werden!“, stand da in fetten schwarzen Lettern direkt auf der Titelseite und darunter erstrahlte ein farbenfreudiges Bild. Das zeigte David als Elfengurke. Todtraurig stand er im Feuerwehrkorb neben seiner jubelnden Schwester.

„Musst du die morgen austragen?“, fragte seine Mutter mitfühlend und David lachte trocken auf:
„Was bleibt mir denn übrig? Ich wurde als Gurke gefeuert und dieser verfluchte rosa Fetzen kostet mich doppelt so viel, wie ich hab.“
Er lachte noch einmal.

„Ich hab heute Schulden gemacht, anstatt zu verdienen. Und das nur, hörst du, weil ich eine Schwester hab!“

„Die Gott sei Dank noch am Leben ist!“, antwortete Angelina genauso erleichtert wie ernst. Sie schaute ihn an und David erinnerte sich an die Angst. Die Angst, die er davor empfunden hatte, Luca zu verlieren. Luca und ihr Lachen. Doch in diesem Moment erschien seine Schwester mit genau diesem Lachen im Küchenfenster.

„Ja, das bin ich. Ich bin noch am Leben. Und ich werde berühmt. Ich war gerade im Fernsehen, David, und das warst du auch. So wie auf dem Bild auf der Zeitung da draußen und sie haben dich lustig Gurke genannt. Prinzessin Gurkenfee, glaub ich, oder die Prima Gurke!“

Da sprang David auf.

„Meinst du das mit ‚am Leben sein‘?“, schrie er seine Mutter an und zeigte dabei auf seine Schwester: „Mama, meinst du das damit?! Nein. Ich will keine Schwester. Ich wollte ein Kart.“

Er strafte seine Mutter mit einem tödlichen Blick. Dann warf er das Modell der Kartbahn um, sah, wie es in tausend Stücke zerbrach, und floh aus dem Garten auf die Straße hinaus.

Dort rang er nach Luft. Sein Herz schlug und pochte wie noch niemals zuvor und so rannte er weiter bis ans Ende der Welt. Der Welt, die er kannte. Er erreichte den Fluss, die Grenze zum Süden und ließ sich dort fallen. Der Mond fiel vor ihm ins dunkle Wasser und die Bugwellen des Schleppkahns, der vor ihm vorbeifuhr, schlugen donnernd gegen die Steine am Ufer. So hörte er es, obwohl es doch still war – und sie zersprangen wie Glas. Sie zersprangen wie seine Kartbahn in Stücke.

Da hörte er Schritte. Sein Vater kam zu ihm und setzte sich wortlos. Er starrte mit ihm auf den dunklen Fluss.

„Ich hasse sie immer noch!“, brach David das Schweigen, und sein Vater, der genauso wie seine Mutter hieß – Angelo, Engel – nickte zustimmend.

„Klar, das kann ich verstehen. Aber trotzdem hast du ihr geholfen. Du hast dich für sie bis auf die Knochen blamiert. Das klingt nicht nach Hass.“

David sah seinen Vater entgeistert an.

„Ach ja? Ich hab für sie meinen Traum gekillt. Ist das etwa Liebe?“

Doch Angelo zögerte keinen Moment. Er wurde nur ernst.

„Nun, das ist der Grund, warum ich dir verzeih, dass du ihr Leben aufs Spiel gesetzt hast. Das war der Deal. Du hattest Verantwortung. Du musstest dafür sorgen, dass ihr nichts passiert. Und du hast dich, verflixt noch mal, daran gehalten.“

Er lächelte jetzt und sein Lächeln war freundlich. Freundlich und warm. „Du hast alles riskiert, um sie zu retten“, sagte er stolz. „Und dafür muss man wirklich zu den Besten gehören.“

„Den Besten von was?!“ David war immer noch wütend. „Was hab ich davon, der Beste zu sein, wenn ich dafür eine Gurke bin?

Doch Angelo überhörte den Spott.

„Weißt du, warum bleibst du nicht einfach noch hier? Ich erlaube es dir heute ausnahmsweise einmal. Bleibe am Fluss und denk drüber nach. Vielleicht verstehst du es ja später. Denn die wichtigen Dinge, kommen oft nur zu dem, der auch bereit ist, auf sie zu warten.“

Er legte seinem Sohn den Arm auf die Schulter und sah dabei

lächelnd auf das kleine Tattoo. Das lugte, als wär es der Beweis für das, was er sagte, heimlich am linken Handgelenk unter einem Lederarmband hervor:
Sieben Straßen, sieben Siege, sieben Türme, stand da auf drei Auspuffrohren, die aus einem V-Motor wuchsen, der fast so aussah wie eine Burg.
„Ich meine die wirklich wichtigen Dinge, David“, sagte er noch einmal, strich seinem Sohn dabei übers Haar und ließ ihn allein.

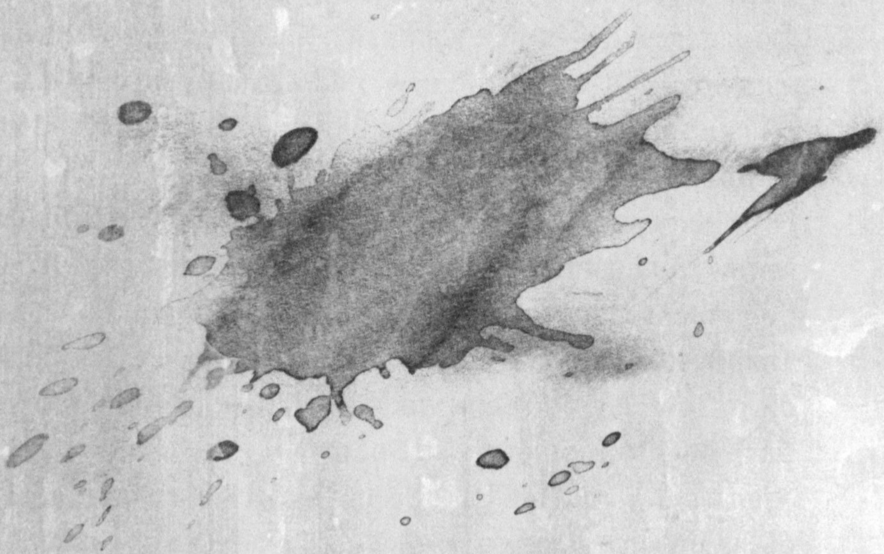

10 Ein magischer Furz

Der Sternenhimmel spannte sich über das Gelände der Kartbahn und tauchte sie in ihr kaltes Licht. Der schwarze Asphalt, der anthrazitfarbene Stahl und die messerscharfen Fahrbahnbegrenzungen verwandelten sie genau in den Ort, den das Logo versprach. Die Straße des Ruhms, auf der nur die Besten der Besten fahren durften.
Und zu diesen Besten gehörte Robin V. Acht. Der Junge aus der größten Villa auf dem Hügel im Norden jagte in seinem Profikart über die Bahn. Er fuhr wie auf Schienen durch die Kurven, und als er die Ziellinie überquerte, als er mit einem 270 Grad Slide zum Stehen kam, zeigte die Anzeigetafel 31,6 Sekunden.
„Ja!“ Robin ballte die Faust.
Er sprang aus dem Kart und rannte zu seinem Vater, der auf dem Parkplatz vor der Bahn telefonierte.
„Papa, ich hab es geschafft. Ich habe einen neuen Bahnrekord aufgestellt!“
Sein Vater lachte und hob stolz den Daumen. Er hielt dabei kurz das Handy zu.
„Das ist der Talentscout von Red Bull“, flüsterte er und telefonierte sofort weiter.
„Haben Sie das gehört? Ich habe Ihnen nicht zu viel versprochen. Mein Sohn hat den Rundenrekord der Kartbahn geknackt.“
Für Robin klang jedes Wort wie die schönste Musik. Eine Musik, die

er zu selten hörte. Ja, so wollte er sein. Nein, so wollte er, dass sein Vater ihn sah: stolz und zufrieden.

„Und mein Sohn ist erst elf. Hören Sie? Gerade elf Jahre."

Da stockte sein Vater.

„Wie bitte? Einen Moment!" Er spähte auf die Zeituhr der Kartbahn.

„31,6. Ja, das ist seine Zeit."

Sein Vater verstummte. Das Strahlen in seinen Augen erlosch und sie nahmen die Kälte der Sterne an.

„Aber natürlich. Natürlich kann er noch schneller." Er schaute zu Robin und flüsterte lautlos. „Das kannst du doch, oder?"

Er schaute ihn an und verlangte ein Nicken. Doch als Robin das tun wollte, stockte sein Herz. Ihm wurde schwindelig wie nach einem Dreher, der ihn samt Kart in die Bande katapultierte. Er sah zu Sam Kamschik, dem Kartbahnbesitzer. Der schaltete den Strom auf der Rennstrecke ab. Die Fahrbahnbeleuchtung erlosch. Die Straße des Ruhms versank in Dunkelheit. Die Zahlen auf der Anzeigetafel verglühten wie Funken. Die 31,6 Sekunden waren jetzt nichts mehr wert.

„Das kannst du doch, oder?", fragte sein Vater noch einmal, und als Robin nichts sagte, drehte er sich von seinem Sohn weg. Er drehte ihm einfach den Rücken zu. Das tat er immer, wenn ihn Robin enttäuschte. Wenn Robin nicht der Beste war.

Robin sank in sich zusammen. Das heißt: Nach außen blieb er weiterhin stolz. Er setze den Helm ab und zog die Handschuhe aus, als sei nichts passiert. Doch Sam Kamschik sah trotzdem, wie er dabei zitterte.

„Und ob du das kannst", trat er neben den Jungen und schenkte ihm ein freundliches Lächeln. „Du kannst noch sehr viel besser werden. Nur kann dir dein Papa dabei nicht helfen. Dein Papa und auch nicht alles Geld, das er hat.“

Robin sah Kamschik verwundert an, und als der sich die öligen Finger mit einem Tuch abwischte, sah Robin an seinem Handgelenk ein Tattoo. Ein Motor mit drei Auspuffrohren und darin stand dreimal die gleiche Zahl. *Sieben Straßen* las Robin. Zu mehr kam er nicht. Denn Kamschik strich ihm plötzlich durchs Haar. Er berührte ihn tatsächlich mit seinen dreckigen Händen und Robin, der Dreck mehr als alles andere hasste, wich erschrocken vor ihm zurück.

Auch David war wütend. Er war noch immer am Fluss, wie es sein Vater vorgeschlagen hatte. Doch er konnte nicht nachdenken und erst recht nicht mehr warten. Er lief auf der Böschung hin und her und fluchte dabei:
„Sechsfach geborstene Nockenwelle! Verdammt, es ist aus. Dir hilft niemand mehr, David. Niemand, hörst du?!“
David schleuderte Steine hinaus auf den Fluss, wo sie wie Bomben explodierten. Er bäumte sich gegen sein Schicksal auf. Sein Herz wurde zu einem V8 und er spürte, wie die acht fetten Zylinderkolben gewaltig hoch- und runterjagten. Bahm! Bahm! Bahm! Bahm!
Ja. Das fühlte sich gut an und da wusste er plötzlich, dass er die Kraft haben würde, um sich zu wehren. Nein. Er war noch lange nicht besiegt.
„Ich werde nicht aufgeben“, schrie er in das Rauschen des Flusses.
„Ich will Rennfahrer werden! Hört ihr?! Und das werde ich auch!“
Er ballte die Fäuste und als er es zum dritten Mal schrie:
... „Ich will Rennfahrer werden!“ ... frischte der Wind urplötzlich auf.
David stutzte und sah zum Himmel. Die mächtigen Baumkronen begannen zu tanzen und noch weiter oben zogen die Wolken immer schneller vorbei. Sie brachten den Wind auch in den verbotenen Süden und dort bis in die Werkstatt von Kiki Lilou.

Die lag im Herzen der großen Halle, die auf dem Schrottplatz ihrer Mutter stand. Kiki, die an ihrer Erfindung, einem Schwungradturbo, schweißte, spürte den Wind. Sie unterbrach ihre Arbeit, klappte das Visier ihrer Schweißermaske hoch und stapfte zum Tor.
Dort blieb sie stehen. Es schien ihr, als wollte der Wind ihr etwas

zuflüstern. Als würde gleich etwas ganz Besonderes geschehen. Etwas, worauf sie schon lange gewartet hatte. Sie schaute sich um. Sie sah ihre Mutter am anderen Ende der Halle. Sie stand dort vor dem bunten Fenster in der *Kathedrale des Schrotts*. So hatte sie ihren Schrottplatz getauft und sie lächelte sanft. Ja, auch Andalee schien die Botschaft des Windes zu spüren und der blies jetzt überall in der Stadt. Im Süden und Norden und dort, am Rand des friedlichen Rosengartens, weckte er Luca in ihrem Baumhaus auf.

Ein Fenster schlug auf. Doch Luca, die selbst, wenn sie schlief, ihre Dachsmannfellmütze, die Krallenhandschuhe und -socken trug, war gegen den Wind immun. Sie war zu müde, um ihn zu verstehen. Sie pupste nur kräftig.

„Upps,“, erschrak sie. „Auch ein Superheld muss mal für kleine Königstiger.“ Sie gähnte und stapfte müde aufs Klo. Dort knöpfte sie die Poklappe ihres Diamond-Dachsmann-Pyjamas auf und pupste dreimal in die Schüssel.

Das erste Mal leise. Das zweite Mal lauter und beim dritten Mal sprang sie erschrocken auf. Der Pups wurde lauter und hörte nicht auf. Selbst dann nicht, als Luca zu pupsen aufhörte und es dauerte dann noch fünf Sekunden, bis das Mädchen erkannte, dass das Geräusch nicht aus seinem Hintern kam. Nein. Es kam von draußen. Es kam mit dem Wind. Und so wie Luca es hörte, hörte es David jetzt auch am Fluss: David am Fluss, Kiki vor der Schrotthalle und Robin auf dem Parkplatz vor der Straße es Ruhms.

David rannte sofort zur Brücke, die keine hundert Meter entfernt in den gefährlichen Süden führte.

Auch Kiki lief vom Schrottplatz zum Fluss, und als ihr Weg sie durch die Siedlung führte, die Siedlung der Arbeiter, die hier lebten, flackerten die Graffiti an den Wänden auf.
Barakudas. Herrscher des Südens, stand da in leuchtenden Lettern oder: *Hell GTI wird der neue Champ! – Made by Da Vinci! Powered by Naik I. Dadidas!* oder *Wir sind bereit für den Pan und die Burg!*
Das stand versteckt in Schatten und Nischen und Kiki rannte an allem vorbei. Sie rannte zum Fluss. Sie hörte das Fauchen, das Röhren und Brummen! Das mussten verflucht starke Motoren sein.
Nur Robin blieb auf dem Parkplatz stehen. Denn der Wind wehte nicht nur die Geräusche zu ihm. Er brachte auch Dreck, den Dreck, den er hasste, und den blies er Robin ins Gesicht. Ins Gesicht und die Haare. Deshalb drehte sich Robin schützend weg. Er sah seinen Vater, der noch immer mit dem Scout telefonierte. Er wollte sich schon in den Panamera flüchten, da legte ihm Kamschik die Hand auf die Schulter. Die ölige, dreckige Mechanikerhand.
Robin zuckte zusammen. Ihn durchfuhr ein Blitz. Heißkalt, aber schön. Er sah das Tattoo: *Sieben Straßen! Sieben Siege! Sieben Türme!*, konnte er dieses Mal ganz genau lesen.
Dann sagte Sam freundlich: „Das ist jetzt die Zeit, an sich selbst zu glauben."
Robin stutzte noch einmal. Was wollte der Kerl?
Doch der lächelte ihn geheimnisvoll an.
„Worauf wartest du, Robin? Das ist deine Chance. Die Chance, die du brauchst, um deinem Vater zu zeigen, wie gut du wirklich sein kannst!"

Da rannte er los. Unsicher, stolpernd. Er sprang über Pfützen und Lachen aus Schlamm. Doch er konnte nicht anhalten. Es gab kein Zurück und so erreichte auch er als Letzter den Fluss, den Fluss und die Brücke, die die beiden Teile der Stadt miteinander verband.

11 Vier Münzen. Vier Feinde

David hatte die Brücke als Erster erreicht. Er lief bis zur Mitte, bis zum Schild, das den Süden vom Norden trennte. Und obwohl Kiki nur Augenblicke später die südliche Seite der langen Brücke betrat, obwohl Robin gleichzeitig nur einen Steinwurf entfernt flussaufwärts im Norden die Brücke erklomm, sah keiner der drei den anderen.
Sie sahen sich nicht, weil sie etwas anderes sahen. Oder besser gesagt: Zuerst hörten sie es. Die Motoren übertönten das Rauschen des Flusses. Scheinwerfer blitzten hinter Robin durchs Laub. Eine Staubwolke quoll aus dem Wald auf sie zu. Es roch nach Benzin und qualmenden Reifen und dann jagten vier Rennwagen auf die Brücke. Die führenden beiden waren silbrig lackiert und sie flogen wie UFOs an David vorbei. Kopf an Kopf jagten sie Richtung Süden, und während David versuchte, sie durch den Staubkometenschweif mit dem Blick zu verfolgen, sprangen zwei andere Rennwagen aus dem Wald. Die waren nicht flach. Die waren buckelig gestaucht, wie zwei wütende Bisons. Gelb und petrol. Und deren Fahrer lachten verrückt. David sah, dass sie Clownsmasken trugen. Masken, so unheimlich wie der unheimliche Süden, und in dem waren die vier Geisterboliden auch drei Herzschläge später wieder verschwunden.
Es war wieder still, und bevor David begriff, was da gerade passiert war, klimperte es. Etwas fiel ihm und den anderen beiden, Kiki und Robin, direkt vor die Füße. David sah das Leuchten und Blinken und

als er, der die anderen beiden Kinder noch immer nicht sah, als Erster auf den Boden schaute, entdeckte er die Münze.
Ehrfürchtig hob er das Geldstück auf. Es war handtellergroß und auf ihr befand sich eine seltsame Prägung. Die zwei Zylinder eines V-Motors formten die Türme einer Burg. Ja, *Burg* stand darunter, und auf der anderen Seite hatte irgendjemand mit magischer Hand Davids Porträt in das Goldstück gestanzt.

„Komm, wenn du dich traust!“, las er den Schriftzug, der um das Rund der Münze lief. Nein, er hauchte die Worte wie einen Zauberspruch. Heiliger Turbo. Wo kam das her? Die Autos? Die Münze? Sein Bildnis darauf? Doch bevor er die Fragen denken konnte, klimperte es ein viertes Mal und eine ihm vertraute Stimme stach ihm nadelspitz ins Ohr.
„Wow! Da is’ ja ’n Bild vom Dachsmann drauf. Und wo soll er denn hinkommen?“
David wollte nicht glauben, wen er da hörte. Das war seine Schwester. Dreifacher Diesellutscher! Luca stand hinter ihm im Dachsmann-Pyjama und hielt eine Münze in ihrer Hand.
„Du? Wieso du?“, platzte es aus David heraus.
Doch Luca patzte nur trotzig zurück.
„Und was ist mit denen?“ Sie streckte einen Arm Richtung nördliches Ufer und zeigte mit dem anderen auf die südliche Seite. Der Staub legte sich gerade und die Sicht wurde klarer, und da bemerkten auch die beiden anderen Kinder, dass keiner von ihnen alleine war. Sie sahen sich überrascht und erschrocken an.
„Die kann ich nicht ausstehen!“, sagte Luca zornig und verschränkte die Arme vor ihrer Brust.
Doch David sah nur ihre Dachsmannmütze, die Klappe am Po, durch die sie hindurchpieseln konnte und darüber den Haarzopf. Mit dem verbarg Luca die langen Haare. Sie wollte kein Mädchen sein, sondern ein Kerl. Ein richtiger Held. Und deshalb verschwand ihr Zopf sofort im Nacken hinter dem Kragen und kroch erst kurz über dem Hintern als Dachsschwänzchen wieder aus einem kreisrunden Loch ihres Pyjamas hervor. Verflixt, war das peinlich.

„Die tragen wenigstens keinen Schlafanzug", spottete David, doch Luca pampte frech zurück.
„Das sagt mir der Richtige. Schau dich doch an!"
Und bevor David Lucas Aufforderung folgte, schoss ihm das Blut schon ins Gesicht. Er trug noch die grüne Gurkenschminke und unter der Steve McQueen Rennfahrerjacke blühte das Elfentütü wie ein dreifach geölter Pavianpo.
„Dafür bring ich dich um!" David explodierte vor Wut. Vor Wut und vor Scham. Zum dritten Mal an einem Tag hatte ihn Luca bis auf die Knochen blamiert. Und das war zu viel. „Hast Du mich gehört?! Ich bringe dich um!"
Er stürzte sich auf seine Schwester und die floh nach Hause: „Nein. Das darfst du nicht, David. Du hast es geschworen. Bei den Helden von Wildernacht! Du hast es geschworen!"

Kiki und Robin schauten den beiden Streithähnen nach. Dem Jungen im Tütü, der einen Dachsmann jagte. Sie lächelten beide, doch als sich ihre Blicke trafen, erfror dieses Lächeln zu Feindseligkeit. Verächtlich musterte Robin das Mädchen und Kiki gab diese Verachtung zurück. Das Mädchen fuhr sich übers Gesicht und verwischte die Wagenschmiere auf seiner Wange. Zwischen ihm und dem Kerl lag nicht nur die Brücke. Zwischen ihm und dem Kerl lag eine Welt, ein Universum, die Milchstraße, nein, zehn Galaxien. Der Kerl sah aus wie ein kleiner Brad Pitt, der Urlaub in Las Vegas macht. Er trug sein Oberhemd ordentlich in der Hose und eine passende Krawatte dazu. Auch wenn die jetzt staubbedeckt war.

Ich bin nicht da. Ich seh dich nicht! Hörst du! Also glotz mich nicht an!, sagte ihr Blick. Sie wog das Gewicht der Münze, der Münze mit ihrem Bildnis, kurz in der Hand. Sie hob sie wie eine leise Warnung, als wär sie eine Waffe, drehte sich um und verschwand in der Nacht.
Jetzt war Robin allein, und weil er allein war, überwand er den Ekel. Seine Neugier war größer. Er bückte sich langsam, und obwohl sich der Dreck dabei unter seine Fingernägel grub, hob er die Münze vom Boden auf. Sie fühlte sich kühl an und gleichzeitig heiß, so wie sich jemand anfühlt, den man umarmt. Den man umarmt, weil man ihn liebt. Doch dieses Gefühl kannte Robin nicht mehr, seit seine Mutter gegangen war. Zurück in den Süden, hatte ihm sein Vater gesagt, und dorthin durfte ihr niemand folgen. Nicht aus dem Norden und erst recht nicht, wenn man wie er, auf der Spitze des Hügels in einer Villa wohnte.

12 Das darfst du nicht fragen

Das einzige Licht in der Schrotthalle war das Licht des Mondes, der durch eines der Oberlichter direkt auf Kikis mit Rost überzogenen Schlafwagen schien. Das Mädchen saß auf seiner Matratze vor dem mit Staub bedeckten Rückfenster des 54er Pontiacs und hielt die Münze in seiner Hand.

Was war dieses heißkalte Ding und wo kam es her? Was war diese Burg? Denn so hieß das Gebilde auf der einen Seite der Münze, das wie ein fetter V2 Motor aussah. Was war diese Burg? War sie wirklich das, was sie dachte? Und wohin sollte sie kommen?

Da setzte sich ihre Mutter in die offene Fahrertür.

Sie sagte kein Wort. Sie kam einfach zu ihr. Das tat Andalee immer, wenn Kiki nicht einschlafen konnte. Als würde sie's riechen. Sie setzte sich zu ihr und rauchte Pfeife. Eine dunkle, langstielige, mit einem Silbertattoo überzogene Pfeife.

„Hast du so was schon mal gesehen?", fragte Kiki vorsichtig und reichte Andalee die Münze.

Die betrachtete die beiden Seiten. Das Bildnis von Kiki, die ohne ihre Kapuze und dem Öl in ihrem Gesicht ein wunderschönes Mädchen war, und das Logo der Burg. Dann zog sie an der Pfeife mit dem Silbertattoo und hob kurz die Schultern.

„Tja, wenn ich's hätte, dürfte ich's nicht sagen. Die Burg ist für Erwachsene tabu."

Doch diese Antwort stachelte Kikis Neugier nur weiter an.
„Dann gibt es sie wirklich?“, fragte sie aufgeregt.
„Das darf ich nicht sagen“, antwortete Andalee schroff und für einen Moment war Kiki enttäuscht. Doch sie wollte nicht aufgeben.
„Aber wie soll ich dorthin kommen?“, wehrte sie sich.
„Das darfst du nicht fragen“, schnitt ihr Andalee das Wort ab und schlug dabei schmunzelnd die Pfeife aus. „Ich bin erwachsen!“
Sie stand einfach auf und ging zu ihrem riesigen Pick-up.
„Das meinst du nicht ernst!“ Kiki rutschte zum Fenster der hinteren Tür und kurbelte zornig die Scheibe herunter. „Ich konnte nicht schlafen. Deshalb bist du doch gekommen. Und jetzt ...“
Da schnippte Andalee die Münze über ihre Schulter zu Kiki zurück und im selben Moment passierte das Wunder. Die Münze drehte sich in der Luft. Doch während sie sich drehte, erklang plötzlich Musik. Lichtblitze zuckten aus dem Geldstück heraus. Das formte durch seine Drehung eine goldene Kugel und in dieser Kugel entstanden Bilder. Filmbilder von Rennwagen mit fetten Motoren. Rennwagen wie die in der Nacht auf der Brücke. Sie starteten fauchend. Reifen drehten sich qualmend. Kiki schmeckte den Staub, den die Autos aufwirbelten, und sie hörte die Stimme, die zu ihr sprach:
„Findet das Geheimnis!“
Noch ein Mal heulten die Motoren auf. Dann verblassten die Lichter und Funken der Münze. Die Bilder verschwanden. Es war wieder still und die Münze flog auf Kiki zu.
„Das, das glaube ich nicht!“, stotterte sie begeistert. Sie fing die Münze und explodierte vor Freude. „Heilige Nockenwelle. Danke, Mama!“

Doch Andalee wischte sich nur durchs Gesicht. Sie schraubte die Stoßstange vom Pick-up ab. Dem riesigen Pick-up, der ihr gehörte. „Danke wofür?“, fragte sie so, als wäre gerade eben gar nichts passiert. „Du kennst die Regeln, die hier bei mir gelten. Ich meine für Kerle, die keine richtigen sind.“

Mehr sagte sie nicht und arbeitete weiter.

13 Gefahr im Verzug

Doch in der letzten Nacht hatten der magische Wind und die Motorengeräusche nicht nur die vier Kinder zur Brücke gelockt. Da war auch ein Erwachsener. Kommissar Habicht schob seine Sonnenbrille zurecht, die er trotz der Dunkelheit trug. Er griff zur Polaroid-Kamera, die neben ihm auf dem Beifahrersitz zwischen den Packungen mit den Schokoküssen lag, und flüsterte unheilvoll:

„Na, kommt schon! Ich warte. Fliegt wie die Motten ins Licht. Rast in die Falle!“

Dann drückte er auf den Auslöser, gerade als die vier Rennwagen, die rot gestreiften UFOs der Barakudas und die gestauchten Bisons der Nitro-Freak-Clowns die Brücke verließen, um am Ufer des Flusses ihr Rennen fortzusetzen. Die Kamera sirrte und das Foto glitt aus dem Auswurfschlitz.

„Jetzt habe ich euch“, grinste er böse und schob sich genussvoll einen ganzen Schokokuss in den Mund.

Oh ja, er liebte diese zuckersüßen Schweinigeleien und deshalb bestellte er nur wenig später die schokoüberzogenen Cupcakes für sich und seinen Vorgesetzten in Frodo Bilboas Döner Diner. Es war ihm egal, dass Hauptkommissar Cotton das alles hasste. Süßigkeiten und ihn, das Sorgenkind seiner Abteilung: Habicht, den Spinner. Es war ihm egal, denn er trug den Beweis in seiner rechten Hosentasche.

„Jedes Jahr", begann er verschwörerisch, „jedes Jahr verteilt der Pan vier magische Münzen. Er erwählt vier Kids, vier Kinder, ...“

„... Ach ja,“ unterbrach ihn sein Vorgesetzter, „und die bringt er dann nach Nimmerland. Zu Kapitän Hook und seinen Piraten.“

„Nein“, seufzte Habicht. „Ich meine nicht Peter. Den Peter, der fliegen kann und eine Elfe hat. Ich meine den anderen, den richtigen Pan. Den Herrn der Burg.“ Er schielte kurz zu Frodo Bilboa. Der lauschte hinter dem Tresen des Diners. Doch das war Habicht jetzt egal. Frodo war durchgeknallt, ein verrückter Italiener, der manchmal wirre Lieder sang. Hier ging es um mehr.

„Die Burg", fuhr er fort, „die Burg ist geheim. Sie ist die Rennfahrerschule für Kinder. Die tragen verbotene Rennen aus und deshalb ist sie für uns tabu. Erwachsene dürfen nichts davon wissen.“

„Dann sind Sie also noch ein Kind?“ Cotton hob eine Braue, was nichts Gutes verhieß. Das tat er immer kurz, bevor er vor Wut explodierte. Doch Habicht hatte keine Angst.

„Nein“, widersprach er. „Das bin ich nicht und das hier ist der Beweis dafür.“

Er zog das Polaroid aus der Hosentasche und legte es demonstrativ auf dem Tisch.

„So sind sie gestern über die Brücke gefahren.“ Er beugte sich über Cottons Schulter, der das Foto stirnrunzelnd nahm.

„Die Burg ist eine Weltmeisterschmiede. Da kommen alle Weltmeister her. Und die, die’s nicht schaffen, werden zu Gangstern. Sie tragen alle die gleichen Tattoos. Hier innen am Handgelenk.“

Er deutete auf die Stelle des Arms, die Frodo Bilboa, der alles mit-

hörte, jetzt vorsichtig unter seinem Armband verbarg. Denn er trug das Tattoo. Das gleiche Tattoo, das auch das Handgelenk von Sam Kamschik oder Davids Vater zierte.
„Sie werden zu Gangstern!“, wiederholte Habicht noch einmal, doch der Hauptkommissar starrte stumm auf das Foto.

Das zeigte zwei rote, verwischte Streifen, denen zwei breitere petrolgelbe folgten. Die Autos waren zu schnell gewesen. Die Geschwindigkeit hatte das Foto unscharf gemacht. Sie waren nicht mehr zu erkennen.

„Weltmeister! Gangster!“ Cotton hob wieder die Braue. Er schnaufte schon richtig, so wütend war er. „Habicht, das reicht. Machen Sie Urlaub. Denn, wenn Sie weiter UFOs jagen, werden Sie von mir suspendiert. Ich werfe Sie raus!“

Er blitzte ihn an. Er spuckte fast Feuer und riss die Tür zu seinem Dienstwagen auf.

„Und eins noch, damit Sie das für immer kapieren: Rennfahrerweltmeister kommen von da!“

Er zeigte zum Turm der Kartbahn hinauf, auf dem das stolze Logo im Licht von Scheinwerfern erstrahlte. Dann fuhr er davon. Er ließ Habicht zurück, doch der war zufrieden. Er hatte jetzt Urlaub, das heißt, unendlich Zeit. Unendlich Zeit, um die Kinder zu jagen. Und deshalb nahm er das Foto wie eine Trumpfkarte auf. Wie ein Pik As.

„Und ich kriege euch trotzdem. Ich weiß, wer ihr seid“, sagte er böse und grinste Frodo Bilboa an. „Ich weiß, wer ihr seid.“

14 Komm, wenn Du Dich traust

Das Zeitungaustragen an diesem Morgen war eine Tortur und Luca hatte ihre Eltern schon mehrmals dafür verflucht, dass sie David begleiten musste. Die Eier- und Tomatenschalen klebten in ihren Gesichtern, auf ihren Helmen und ihren Klamotten. Und das, was vorher in den Schalen gewesen war, das Eigelb und das Tomatenmark, tropfte von ihr, von David und ihren Gokarts zähklebrig auf den Asphalt. Trotzdem zog David eine der Zeitungen, deren Titelbild ihn als Ballett-Elfen-Gurke zeigte, aus dem Köcher neben seiner Schulter. Er trat in die Pedale, rollte vorsichtig ein paar Zentimeter vor und spähte in die leere Straße.

„Die Luft ist rein“, flüsterte er, „sie schlafen noch alle.“

„Ach ja,“ motzte Luca. „Das hast du jedes Mal gesagt.“

„Und zwei von zehn Mal hat's gestimmt!“, grinste er. Doch das war eher das Grinsen eines Piraten, der gleich aufgehängt werden soll. Und mit diesem Grinsen fuhr er los, hinein in die Straße und warf die zusammengerollte Zeitung während der Fahrt direkt in den ersten Briefkastenschlitz.

„Was hab ich gesagt?!“, rief er triumphierend. „Sie schlafen noch fest!“ Doch als Luca ihm folgte und fast schon erleichtert neben ihm herfuhr, zerplatzte ein mit einer knallbunten Farbe gefüllter Luftballon vor ihrem Kart.

„Da sind sie! Da fahren der Superdachs und die Prima Gurke!“, rief ein

achtjähriger Junge, sprang durch das Gartentor auf die Straße und warf schon die zweite Bombe auf sie.
Die traf Davids Helm. Die nächste zerplatzte auf Lucas Rücken und während fünf weitere vor ihnen oder an ihren Körpern in schrillem Blau, Gelb und Rot explodierten, sprang ein halbes Dutzend Kinder aus den Gärten der Häuser.
Sekten geschleimte Reptenspotze! Es passierte dasselbe wie in den Straßen zuvor. Den acht von zehn Straßen, in denen die Kinder anstatt noch zu schlafen, auf sie gewartet hatten:
„Los! Macht sie fertig!", hatten sie die beiden verhöhnt und Eier und Tomaten auf sie geworfen. „Zeigt ihnen, was ein Superheld ist!"
Die Farbbomben zerplatzten auf Davids Körper. Gelb! Grün und Blau!
„Luca, fahr vor!", befahl er seiner Schwester, „Ich deck dir den Rücken!"
Die klappte die Bremsfallschirme wie Schutzschilde auf, und während die Bomben um sie zerplatzten, flohen die beiden hinunter zum Fluss. Zur Brücke am Fluss, der Straße zum Süden. Denn das war der einzige Ort, an dem sie noch sicher waren. Dort trauten sich ihre Verfolger nicht hin.

Doch dort lebten andere. Andere Kinder. Biestig verbiesterte Aliens. David und Luca sahen das coole Kart gegenüber der Kirche. Es parkte dort wie ein rostiges Stoppschild. Sie zogen die Bremsen. Die Räder blockierten und das Gummi der Reifen malte vier schwarze Striche auf den Asphalt. Dann sahen sie Kiki. Kiki Lilou. Sie saß auf der Treppe zu Füßen der Kirche und hob ihren Kopf. Den unter der Kapuze verborgenen Kopf. Sie hatte dort offensichtlich auf sie gewartet.

„Was will die denn schon wieder?“, stöhnte Luca verzweifelt und wandte sich feindselig an das Mädchen. „Ich hab doch gesagt,“ sie zeigte auf David, „das ist nicht mein Bruder.“

„Und ich glaub dir das nicht“, grinste Kiki zurück. „Auch wenn er jedes Mal anders aussieht.“

David, dessen Gesicht von den Tomaten und Wasserbomben schon rot gefärbt war, begann jetzt wie ein Bremslicht zu leuchten. Oh Mann, war das peinlich und deshalb, nur deshalb war er heilfroh, als Kiki mit dem Kopf Richtung Kirche nickte.

„Ich muss euch was zeigen. Da, wo es dunkler ist“, sagte sie unheilvoll und ging durch den Bauzaun, der die Kirche umgab.

Doch das war genau das, was David jetzt brauchte. Einen Ort, wo es dunkler war und man das Rot nicht mehr sah. Das Rot und das Blau und das Gelb und das Grün. Ja, und auch nicht die Eier und Tomaten! Deshalb folgte er Kiki in die dunkle Kirche. Die Fenster waren nämlich verhangen und Baugerüste standen im Raum. Doch niemand schien hier heute zu arbeiten. Sie waren allein und genau das erfüllte Luca mit Sorge. Mit ganz großer Sorge und ganz großer Angst.

„Dunkler! Ha! Dunkler!“, motzte sie hinter David. „Hey! Die kommt aus dem Süden!“

Doch da standen sie schon vor dem Altar und dahinter stand Kiki. Kapuzenvermummt wie ein richtiger Gangster.

„Ja, aus dem Süden“, zischte das Alien. „Aus dem gefährlichen Süden, wo sich Superhelden wie du nicht hintrauen und vor Angst in den Dachsmann-Pyjama machen!“

Au Backe, das saß. Luca schaute zu David, doch der dachte gar nicht

daran, sich auf ihre Seite zu stellen. Er grinste nur amüsiert und gab Kiki recht.
Und dann zog dieses Alien auch noch seine Münze aus der Hosentasche und legte sie vor sich auf den Altar. Luca entging nicht, wie David das Bild ansah, das darauf funkelte. Das Bild eines Mädchens, das ohne Kapuze und Dreck vor Schönheit strahlte.
„So sieht die nicht aus", versuchte sie David zu warnen. „So kann die nicht aussehen."
Doch Kiki fuhr ihr frech über den Mund: „Genau. Und eure sind bunt mit Bildern von Würsten und Gurken drauf!" Sie grinste sie an. „Los! Legt sie daneben!"
David gehorchte sofort. Er schien Kiki oder dem Bild auf ihrer Münze zu trauen. Er schien von beiden verzaubert, verhext oder hypnotisiert. Doch Luca war gegen Kiki immun. „Versprich es mir, David!", raunte sie drohend. „Wenn sie sie klaut, bringst du sie um."
„Oh, umbringen!", lachte Kiki vergnügt. „Ich dachte, das tun wir nur bei uns im Süden." Sie blitzte Luca böse an und die wurde vor Angst zwei Köpfe kleiner. Ihr Kopf verschwand unter ihrer Dachsmannmütze. „Aber wir machen da noch ganz andere Sachen." Kiki genoss Lucas Angst und schaute zu David. Der hing noch immer an ihren Lippen. „Wir machen da Dinge, von denen ihr nicht nur gar nichts wisst. Nein, von denen wagt ihr noch nicht mal zu träumen."
Sie nahm ihre Münze und schnippte sie hoch. Hoch in die Luft und dort wiederholte sich das, was auf dem Schrottplatz passiert war. Das Unfassbare nahm seinen Lauf. Und das gleich dreimal hintereinander. Denn Kiki warf alle drei Münzen hoch.

Lichtblitze zuckten aus ihnen heraus und die Münzen, die sich zuerst nur langsam drehten, wirbelten immer schneller. Sie wurden zu einem funkelnden Ball und in diesem Ball entstand jetzt ein Bild. Ein Hologramm, das sich bewegte wie ein dreidimensionaler Film.
Luca staunte mit offenem Mund und selbst der von Kiki sowieso schon hypnotisierte David konnte nicht glauben, was er sah:
Ein Rennen mit selbstgebauten Boliden, die von Kindern gefahren wurden. Saucoole Boliden wie die von der Brücke. Dazu spielte Musik. Sie hörten Motorengeräusche. Das Quietschen von Reifen und jede der von Kiki nacheinander geworfenen Münzen hielt eine Botschaft für sie bereit:
„Findet das Geheimnis!“, sagte die erste mit einer genau so geheimnisvollen Stimme.
„Und kommt alle vier!“, verlangte die zweite.
„Am 25sten um 23 Uhr!“, raunte die dritte und dann fielen alle drei Münzen auf den Altar. Ihr Funkeln erlosch, doch dafür leuchteten die Augen der Kinder.
„Was sagt ihr jetzt?“, fragte Kiki Lilou, „Wir wurden erwählt. Wir wurden erwählt, um in der Burg zu fahren.“
„Wie bitte? Was?“ Luca sah David fragend an. Da seufzte und stöhnte Kiki auf.
„Das ist nicht euer Ernst? Heiliger Sonntagsfahrer!“
Sie drehte sich zu dem Kreuz um, das hinter ihr hing, und bekreuzigte sich.
„Entschuldige Jesus, aber das kann doch nicht sein!“
Sie wandte sich aufgebracht an David und Luca.

„Ich rede von der Burg. Das ist die geheime Rennfahrerschule für Kinder. Und wenn es nicht verboten wäre, darüber zu sprechen, dann wüsstet selbst ihr beiden Diesellutscher, dass von dort alle Weltmeister kommen."

Luca rümpfte beleidigt die Nase:

„Sie hat Diesellutscher zu dir gesagt."

Das hieß Vollpfosten, Fehlzünder. Aber anstatt sich darüber aufzuregen, strahlte ihr Bruder Kiki nur an:

„Welche Weltmeister?", fragte er, als wäre dieses Biest der Weihnachtsmann.

Doch das Biest war ein Biest. Kiki verzog das Gesicht zu einem spöttischen Grinsen.

„Ich rede von Häkeln oder Minigolf!"

David begann wieder wie ein Bremslicht zu leuchten. Doch es kam noch viel schlimmer. Die Zeit sich zu schämen, war noch nicht vorbei. Kiki lief unruhig durch das Kirchenschiff. Sie suchte nach etwas, und während sie suchte, redete sie.

„Aber da gibt es leider noch ein Problem. Ich meine außer eurem farbfeuchtem Eier- und Tomatenschalen-Outfit und dass heute der 25ste ist. Es fehlt noch die vierte Münze. Es fehlt noch der Ort, für den die Einladung gilt."

Kiki zog vier Stoffballen aus einer alten Holztruhe. Die waren offensichtlich das, was sie suchte, und sie drückte die Ballen, jeweils einen weißen und violetten, Luca und David vor die verdatterte Brust. „Hier! Das zieht ihr an. Wir müssen wohin. Uns fehlt nämlich nicht nur die vierte Münze. Es fehlt noch ein Fahrer. Der Reiche ..."

8

„Der Schnösel?“, erschrak Luca und Kiki nickte.
„Der Ar... Shit! Aber so was sagt man ja nicht.“
Sie zog eine Grimasse. „Leider sagt man das nicht.“
Dann deutete sie noch einmal auf die violett-weißen Stoffballen, befahl: „Los zieht das an!“, und stapfte aus der Kirche.

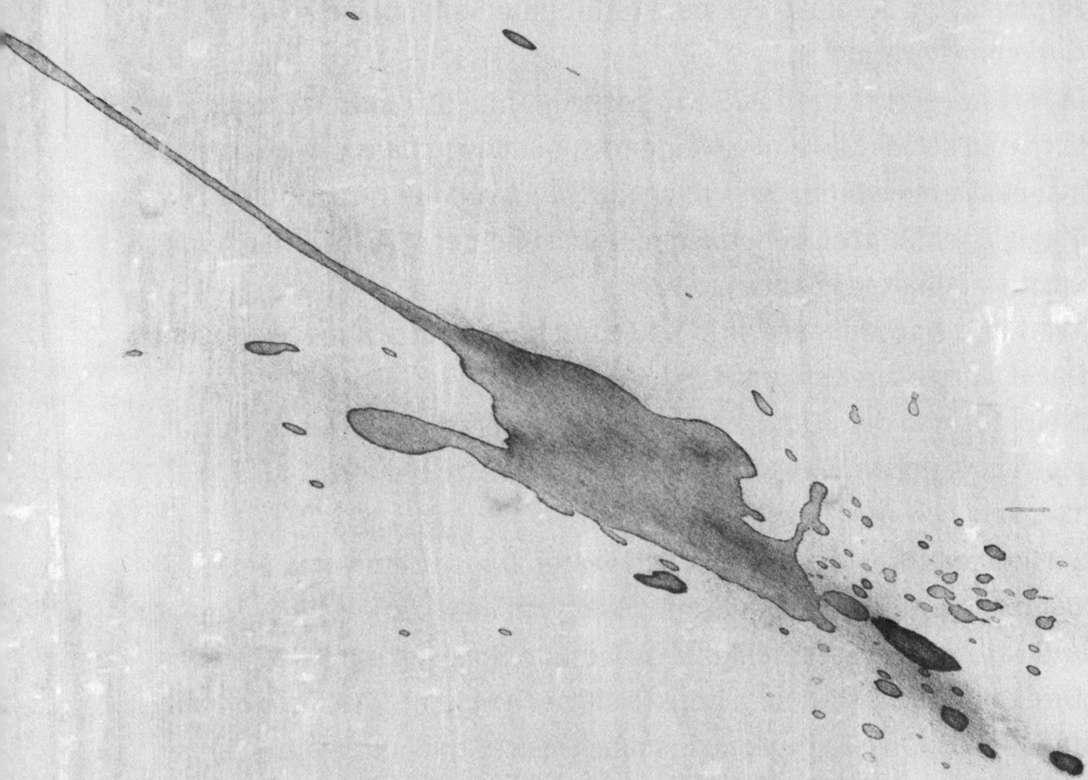

15 Enttäusch mich nicht, Robin!

David, Kiki und Luca standen auf dem Parkplatz vor Frodo Bilboas Döner Diner und starrten auf die in kühlem Schwarz-Weiß gestylte Kartbahn. Über ihnen ragte der Turm in den Himmel. Der Turm mit dem Logo: The Path of Glory, auf dem Davids Traum schon einmal zerplatzt war. Zerplatzt wie eine tütü-bunte Seifenblase an einer Gurkennase zerplatzt.

In Fetzen geschreddertes Getrieberitzel! Und jetzt hatten David, Luca und selbst Kiki einen Heidenrespekt davor, dass das noch einmal passieren würde. Dass auch ihr Traum von der Burg und die Magie ihrer Münzen dem reichen Robin und der stylishen Kartbahn nicht standhalten könnten.

„Wart ihr da schon mal drin?" Kiki Lilou hob skeptisch die Braue und David würgte am Kloß im Hals.

„Nein. Nicht in dem Outfit", sagte er leise und schielte verlegen zum stolzen Mädchen. Das grinste unter der Kapuze hervor.

„Das kann ich verstehen."

Sie musterte David und seine Schwester. Die steckten in violett-weißen Messdienergewändern, aus denen ihre Köpfe – Eier-, Tomaten- und Farbbomben gesprenkelt – wie bunte Smartiekugeln lugten.

„Das kann ich verstehen!", grinste sie noch einmal, wischte sich mit dem Grinsen alle Bedenken aus dem Gesicht und marschierte aufs Tor der Kartbahn zu.

David folgte ihr mit dem Mut der Verzweiflung. Das Messdienergewand war zwar oberpeinlich, doch es verdeckte zum Glück die noch peinlicheren Demütigungen vom Zeitungaustragen. Doch Luca blieb stehen. Sie spürte Frodo in ihrem Rücken und drehte sich langsam zu ihm um.

„Wir wurden erwählt!“ Sie hob hilfesuchend die Arme, doch der Blick des Italieners blieb absolut ernst.

„Ich weiß“, nickte er, auch wenn Luca nicht wusste, woher er das eigentlich wissen wollte. „Ich weiß“, sagte er noch einmal, und fuhr sich mit der mächtigen Hand durch die pechschwarzen Haare. Die fielen über ein Stirnband bis auf die breiten Schultern herab. Seine sonst strengen Augen wurden samtig und weich. Er, der nie lächelte, lächelte plötzlich und dann fing er tatsächlich auch noch an zu singen. Wie in einem Musical, das vor Kitsch quietscht. Doch sein Gesang war so magisch wie die magischen Münzen. Er war wie ein Hauch, ein Gedanke, eine Idee: wie ein ganz leichter Wind oder Schmetterlingsflügelschlag, der einen aufweckt, damit man nach einem endlosen Winterschlaf den Frühlingsanfang nicht verschläft.

„Bau dir eine Leiter“, begann Frodo zu singen, „bis zu den Sternen, und wenn du oben ankommst, dann pack zu.“ Er ballte die Faust und stand so vor Luca. Die starrte ihn an: Verzaubert, verdattert, verwirrt und erstaunt, bis Kiki sie aus der Hypnose befreite.

„Das ist ein Erwachsener!“, warnte sie Luca und zog das Mädchen wie einen Sack hinter sich her. Das schaute noch immer zu Frodo zurück und der rief ihr nach:

„Und legt euch ins Zeug! Robin hat heute einen Talentscout da!“

Luca erschrak und Kiki dachte, was David aussprach.
„Shit!", zischte er, als sie die Kartbahn betraten. „Wenn der Profi werden kann, wird er nie bei uns fahren!"
Er hatte den Mann auf der Tribüne entdeckt, und obwohl der grauhaarige Alte in seiner schwarzen Lederjacke und Hose ganz schlicht und bescheiden aussah, war er für David ein richtiger König.
„Kiki", raunte er, „das ist kein gewöhnlicher Scout. Der kommt von Red Bull. Die ganze Bahn hier wird von Red Bull gesponsert und das ist der beste Rennstall der Welt."
David zeigte von den Sonnenschirmen, die alle den roten Bullen trugen, auf den Red Bull Bus neben dem Tor. Auf dem stand Sam Kamschik. Er stand auf dem Dach und rieb sich den Bart, den Musketierbart. Auch Sam, der Mechaniker, war plötzlich wie Frodo ein richtiger Held. Und die Kartbahn war der Path of Glory. Deshalb vergaß David sein Messdiener-Smartie-Outfit und begann vor Begeisterung fette Motorengeräusche zu summen, zu brummen, zu fauchen und dann sah er Robin V. Acht am Start.
„Da vorne, da sind sie!", rief er aufgeregt und rannte vor den Mädchen unter eines der Zeltdächer, die am Streckenrand standen. Dort fand er einen Tisch mit Hockern davor und von dort konnte er alles ganz genau sehen und hören.
Robin saß in seinem fantastischen Kart und sein Vater, der vor ihm kniete, hielt einen kleinen Pylon in der Hand.
„Mit denen,", sagte er und hob das rot-weiße Hütchen, habe ich die Ideallinie auf der Strecke markiert. Wenn du die alle stehen lässt, packst du die dreißig Sekunden."

„Dreißig?“ Robin erschrak und schaute zur Anzeige, auf der sein Bahnrekord jetzt wieder blinkte: 31,6 Sekunden. Noch nie war hier jemand schneller gefahren. Doch für Red Bull war das zu langsam. Mehr als eine Ewigkeit zu langsam. Denn auf dieser Hightech-Bahn waren 16 Hundertstelsekunden mehr als 16 Lichtjahre lang. Das war nicht zu schaffen. Das musste sein Vater doch eigentlich wissen. Doch der kannte kein Mitleid.

„Dreißig. Natürlich. Sonst könnte doch jeder Rennfahrer werden," sagte er tonlos wie eine Maschine. „Es zählt die zweite Runde nach fliegendem Start. Du hast einen Versuch", erklärte sein Vater und seine Augen glitzerten dabei wie Wasser, das in diesem Moment gefror: „Also, enttäusch mich nicht, Robin!"
Dieser Satz war keine Bitte. Er war ein Befehl und mit diesem Befehl ging er um das Kart. Er zog an der Reißleine, um den Motor zu starten, und setzte sich zum Red-Bull-Scout auf die Tribüne.
Robin schloss das Visier seines Helms. Er umfasste das Lenkrad mit beiden Händen. Er spürte das Gaspedal durch die hauchdünne Sohle. Er sah zu Sam Kamschik auf dem Red-Bull-Bus. Er sah, wie er den Hebel umlegte. Die Ampel sprang sofort auf Rot. Drei rote Augenpaare nebeneinander. Ein sechsäugiges Monster.
„Enttäusch mich nicht, Robin!" hörte er seinen Vater. „Enttäusch mich nicht. ...täusch mich nicht", rasten seine Befehle durch Robins Kopf. Dann sprang die Ampel auf Grün und mit den nächsten sieben zehntel Sekunden war Robin in seinem Element. Sieben Zehntelsekunden. Das war die Zeit, zwischen dem Schalten der Ampel auf Grün, dem Drücken des Gaspedals und dem Augenblick, in dem die Vorderräder seines Rennkarts über die Startlinie rollten.
„Sieben Zehntelsekunden!" Sein Vater sprang auf. „Kennen Sie einen, der schneller ist?"
„Nein. Den kenne ich nicht!", rief David, bevor der Red-Bull-Scout antworten konnte. Diese Startzeit war wirklich Weltklasse. „Kiki! Schau doch! Der ist verdammt gut."
„Nein, der ist nur ein Schnösel. Ein verwöhntes Papasöhnchen!",

zischte Kiki verächtlich. Sie blieb am Tisch sitzen, auch wenn sie David recht geben musste. Denn Robin war gut. Er fuhr wie auf Schienen und als er aus der ersten Runde in die zweite einfuhr, zeigte die Anzeige: 31,9.

„Wow!“ staunte David. „31,9. Und der fliegende Start bringt dir noch mal zwei Sekunden.“

„Zwei Sekunden. Die reichen locker um die 30 zu knacken“, triumphierte sein Vater. „Mein Sohn ist ein Sieger.“

Er ballte die Faust und der Scout von Red Bull, der bisher keine Miene verzogen hatte, horchte neugierig auf.

„Ach, wirklich? Ein Sieger“, sagte sein Blick und der sah mit Respekt, wie Robin immer schneller wurde.

Sechs Zehntel machte er bis zur ersten Zwischenzeit gut, und als David das sah, rechnete er laut und blitzschnell.

„Sechs Zehntel mal vier.“ Denn es wurden drei Zwischenzeiten gemessen und dazu noch die Endzeit. Die Strecke war also viermal unterteilt: „Sechs Zehntel mal vier sind 2,4. Damit liegst du fünf Zehntel unter der 30!“

David rief das quer über die Bahn, während er Robin entgegenlief. Der kratzte in diesem Moment an einen Pylon. Das Hütchen begann sich wie ein Kreisel zu drehen. Doch das war kein Fehler. Das kostete höchstens eine Zehntelsekunde.

„Sei vorsichtig, hörst du. Du schaffst es!“, rief David. „Du musst nichts riskieren. Du bist schnell genug.“

Er lief mit wedelnden Armen auf die letzte S-Kurve zu. Die Schneckenhauskurve. Die kannte er gut. In der flog man sehr leicht aus der Bahn.

„Du musst nichts riskieren. Du bist schnell genug!“
Doch Robin sah nur das Messdienergewand. Er sah das farbenverschmierte Gesicht. Er dachte sofort an den Turm vor der Kartbahn. Er sah die Gurkennase und das Elfenkostüm.
Nein, der Kerl war zu peinlich. Was machte der hier? Und was war das gestern auf der Brücke gewesen? Was war diese Münze?
Doch dieser letzte Gedanke war für die Kurve zu viel.
„Robin, pass auf!“, schrie David entsetzt.
„Pass auf!“, schrie sein Vater.
Da war es zu spät. Robin hatte den Bremspunkt verpasst. Er schlidderte in die Pylone. Er rasierte die Reihe der Hütchen ab.
Kiki und Luca sprangen von ihren Hockern am Tisch. Ja, Kiki sprang auf, obwohl sie Robin doch hasste. Und dann sahen alle, wie er sich mit seinem Kart drehte.

Er drehte sich einmal, nein zweimal und prallte in die Reifenbeplankung. Sein Kopf wirbelte auf den Schultern herum, und noch bevor Robin stand, sah er, wie sich die Ziffern der Stoppuhr auf der Anzeige überschlugen:
Neunundzwanzig Komma Acht.
Neun.
Dreißig.
Dreißig Komma eins.
Er stand nur drei Meter vom Ziel entfernt. Dreihundert Zentimeter von seinem ganz großen Traum: Er wollte Rennfahrer werden. Das wollte er, ja! Aber es gab etwas, wonach er sich noch mehr sehnte, und das spürte er jetzt ganz fürchterlich.
Er wollte, dass sein Vater stolz auf ihn war.

16 Superfreak und ich leben nicht in derselben Welt

„Fliege in Honig!“, rief David erschrocken und erstickte beinah an den klebrigen Worten, als er zu Robins Vater sah.

„Wer zum Teufel ist das?“, schrie Robins Vater zu Sam Kamschik auf dem Red-Bull-Bus hinauf. „Wer ist dieser Drecksbengel im Faschingskostüm? Ich hatte die Bahn für Robin gemietet!“

Doch David hielt den Killerblick aus. Er stemmte sich gegen ihn. Mit all seinem Mut. So wie man sich gegen einen Sturmwind stemmt, der einen federleicht wegblasen kann.

„Ich weiß. Aber wir müssen mit ihm reden. Es ist absolut wichtig.“

Luca, dem Superdachsmann, stockte der Atem und Kiki zog sich, auch wenn sie sich dafür schämte, aus Vorsicht die Kapuze bis über die Nase. Da explodierte Robins Vater.

„Das könnt ihr vergessen. Dafür hat mein Sohn keine Zeit! Wir fahren noch einmal!“

Dieser Satz war ein Befehl. Ein Befehl an Sam Kamschik, den Red-Bull-Scout und Robin. Und Robins Vater war es gewohnt, dass jeder seine Befehle befolgte. Er lief schon zu Robin, um ihn samt Kart aus der Beplankung zu ziehen. Da hielt ihn der Scout energisch zurück.

„Nein!“, sagte er schroff. „Das tun wir nicht.“

Und so sehr Robins Vater auch gewohnt war, dass man seine Befehle befolgte, der Scout war es auch. David hatte es sofort erkannt.

Obwohl er so schlicht und unscheinbar aussah, war er ein Fürst, ein König, ein ...

„Ihr Sohn hat seine Chance gehabt!", entschied er endgültig und ging dann zum Ausgang der Kartbahn, hinter dem sein Phaeton auf dem Parkplatz stand.

„Einen Moment!" Robins Vater war baff. „Es war dieser Drecksbengel, der schuld daran war."

Er zeigte auf David im Messdienergewand. Aber der Scout von Red Bull ging einfach weiter. Da lief ihm Robins Vater nach.

„Ich bitte Sie!", rief er. „Das können Sie meinem Sohn nicht antun. Er war gut genug. Das haben die Zwischenzeiten bewiesen. Und deshalb war es nicht seine Schuld ..."

„Doch", widersprach der Scout. „Er hat sich ablenken lassen."

Er zeigte auf Robin, der in seinem Kart zwischen den Reifen saß.

David ging langsam auf ihn zu. Er kniete sich vor ihn.

„Ganz offensichtlich gibt es da etwas, was für ihren Sohn noch wichtiger ist. Wichtiger auf jeden Fall, als auf der Kartbahn zu fahren", sagte der Scout und ging dann zum Phaeton.

Er ließ Robins Vater verdattert stehen und der schaute zu Robin und David zurück. Doch er konnte nicht hören, was dieser seltsame Kerl von seinem Sohn wollte. Nein, er wollte nichts hören. Dieser Verrückte entsprach nicht seinem Niveau. Dem Niveau, das man brauchte, um auf der Spitze des Hügels in der größten Villa zu wohnen.

„Hey!", flüsterte David und betrachtete Robin. Der saß geschlagen in seinem Kart. Die Hände am Lenkrad. Den Kopf zwischen den Armen. So wartete er darauf, dass die Welt unterging.

„Hey!“, flüsterte David und versuchte zu lächeln. „Du warst gerade schneller als jeder. Als jeder, der hier jemals gefahren ist!“
Da hob Robin den Kopf.
„Und was bringt mir das, Freak?!“ Sein Blick war Hass pur. „Ich hab es

vergeigt.“ Er sprang aus dem Kart und lief an der Fahrbahn in Richtung des Zeltdachs, unter dem sich die Fahrergarderobe befand. „Und das wegen eines Kerls, der in seiner Freizeit als Gurke rumläuft.“

Jedes Wort, das er ausstieß, war hundertprozentige Verachtung, und jedes traf David mitten ins Herz.

Doch der riss sich zusammen. Er wischte sich die letzte Eierschale von der Nasenspitze und lief Robin nach.

„Ich weiß! Du hast recht. Aber diese Freizeit ist jetzt vorbei.“ Er schaute zum Tisch, vor dem die Mädchen standen. „Kiki und Luca!“, befahl er sie zu sich.

Aber Robin war schneller. Er streckte den Arm aus. „Halt! Ich will das nicht wissen!“, befahl er in einem Ton, den ihm sein Vater beigebracht hatte.

Die Mädchen gehorchten. Doch David spürte Robins Angst. Die Angst vor dem, was gestern passiert war. Gestern Nacht auf der Brücke. Aber hinter dieser Angst lugte Neugier hervor. Eine unerschrockene Neugier und deshalb lief er ihm nach.

„Hey warte doch, Robin! Du bist doch auch am Fluss gewesen! Du hast sie gesehen. Und du hast doch bestimmt auch so eine Münze bekommen. Hast du sie bei dir?“

Er holte ihn ein, als er das Zeltdach erreichte. Da rief Robins Vater: „Kommst du jetzt Robin?!“

Robin erschrak. Er war durcheinander. Er wusste nicht, was er tun sollte. Er warf Helm und Handschuhe auf die Umkleidebank. Er wollte der Aufforderung seines Vaters unbedingt folgen. Und er hasste den Freak im Messdienergewand. Aber er hatte seinen Vater und den

Talentscout enttäuscht. Und er hatte die Autos auf der Brücke gesehen. Die Autos und die Münze mit seinem Bild.
Deshalb ließ er zu, dass David ihn festhielt.
„Nein, warte!“, rief der. „Du musst sie nur als Letzter werfen.
Kiki und Luca erreichten das Zeltdach und stellten sich neben David auf. David sah Kiki, wie sie unter der Kapuze hervorlinste. Sie traute Robin nicht über den Weg. Sie hasste ihn, so wie er sie hassen musste. Trotzdem musste sie es tun. Auch er war erwählt. Deshalb nahm sie ihre Münze und schnippte sie in die Luft. David und Luca taten nacheinander dasselbe, und während die Blitze aus den Geldstücken schossen, während sich Musik und Motorengeräusche verwoben, sahen die vier Kinder noch einmal die drei Filmfetzen der coolsten Autos aus dem coolsten Rennen der Welt.
„Findet das Geheimnis!“, ertönte die Stimme. „Und kommt alle vier! Am 25sten. Um 23 Uhr ...“
Die Münzen fielen langsam herab und danach schauten alle zu Robin. Sie sahen das Strahlen in seinen Augen. Auch er war begeistert. Doch hinter dieser Begeisterung versteckte sich Angst. Er schaute noch einmal zu seinem Vater. Der stand zwanzig Meter von ihnen entfernt und verstand nicht, was Robin von diesen drei Kindern wollte.
„Mein Sohn glaubt nicht an Märchen!“, hallte es in Robins Kopf. Doch die Magie der Münzen war stärker.
Er griff in die Tasche, zog die Münze heraus und warf sie vorsichtig in die Luft. Die Blitze zuckten am hellsten von allen. Die Musik schwoll zu einer Fanfare an und die Autos rasten im Gegenlicht durch eine riesige dunkle Halle.

„In die Höhle des Löwen!", raunte die Stimme, als lüde sie ihn in die Hölle ein.
Da fiel die Münze wieder herab, und als er sie auffing, schaute er direkt in Davids farbverschmiertes Gesicht.
„Und? Hab ich zu viel versprochen? " David strahlte ihn an. „Der 25. ist heute." Und Luca flüsterte geheimnisvoll.
„Da kommen alle Weltmeister her!" Sie warf einen Blick in Richtung Robins Vater. Der kam langsam näher. Deshalb sprach sie noch leiser:
„Ich mein aus der Burg", erklärte sie Robin das größte Geheimnis und zog ihn damit in ihren Bann.
Der reiche Schnösel lächelte plötzlich. Er war plötzlich nett. Seine Arroganz war verschwunden. Kiki und David sahen sich verschwörerisch an. Sie hatten es geschafft. Robin gehörte zu ihnen. Sie waren jetzt vollzählig. Sie waren zu viert.
Da zerschnitt Robins Vater ihre Freundschaft im Keim:
„Was machst du da, Robin? Kennst du die etwa?"
Er stand nur noch fünf Meter von den Kindern entfernt und sein Blick war so eisig wie seine Stimme.
„Enttäusch mich nicht!", hallte es in Robins Ohren und erstickte jedes andere Geräusch.
„Nein", hörte er sich wie durch Watte sagen. „Wir gehen nur auf dieselbe Schule."
Robin wandte sich wieder an die drei Kinder.
„Weltmeister? Burg? Meint ihr das etwa ernst?" Mit einem Schlag war Robin der Alte. „Lernt man so was, wenn man Messdiener wird?" Er strafte David mit Verachtung.

„Wir sind keine Messdiener!“, protestierte Luca. „Und die Burg ist geheim. Niemand, der da war, darf darüber erzählen.“

„Ach ja!“, spottete Robin. „Und wie habt ihr’s dann trotzdem erfahren? Wer hat’s euch erzählt, obwohl es doch so ‚verboten‘ ist?“

David und Luca wussten darauf keine Antwort. Sie schauten fragend zu Kiki. Woher wusste sie das?, dachten die beiden und Robin hatte sein Ziel erreicht.

Er musterte Kikis ölverschmierte Klamotten und sah ihr trotz Kapuze ins noch dreckigere Gesicht.

„Na klar, die aus dem Süden!“ Seine Stimme war Gift. „Lernt man so etwas, wenn man die Schule schwänzt? Oder warum sonst musst du die vierte Klasse jetzt schon zum zweiten Mal wiederholen?“

Kikis Blick wurde finster. Ihre Augen verengten sich. Sie schossen eine Laserblitzsalve auf Robin ab.

„Vergesst ihn!“, zischte und fauchte sie böse. Doch ihr Satz und die Laser prallten von Robins Arroganz ab. Da wirbelte sie auf den Fersen herum und rannte zum Wald, an den die Kartbahn angrenzte.

„Aber wir brauchen ihn doch!“, rief David ihr nach, aber Kiki war nicht mehr zu halten.

„Du sollst ihn vergessen!“, schrie sie zurück, und bevor sich David wieder zu Robin umdrehen konnte, hörte er ihn:

„Das ist eine gute Idee. Ich pass nicht zu euch.“

Er strafte Luca mit einem spöttischen Blick.

„Superfreak und ich leben nicht in derselben Welt. Papa, wir gehen!“, sagte er mit einer Stimme, die aus klirrenden Eiskristallen bestand.

David glaubte nicht, was da passierte.

Und Luca platzte beinah vor Wut:
„Superfreak? He?“, rief sie ihm hinterher. „Bist du etwa blind? Ich bin der Superdachs Diamond von Drachenherz!“
Doch ihre Wut konnte auch nichts mehr ändern. Der vierte Mann ging, stieg in den Porsche Panamera und fuhr auf die Spitze des Hügels und zur größten Villa hinauf.

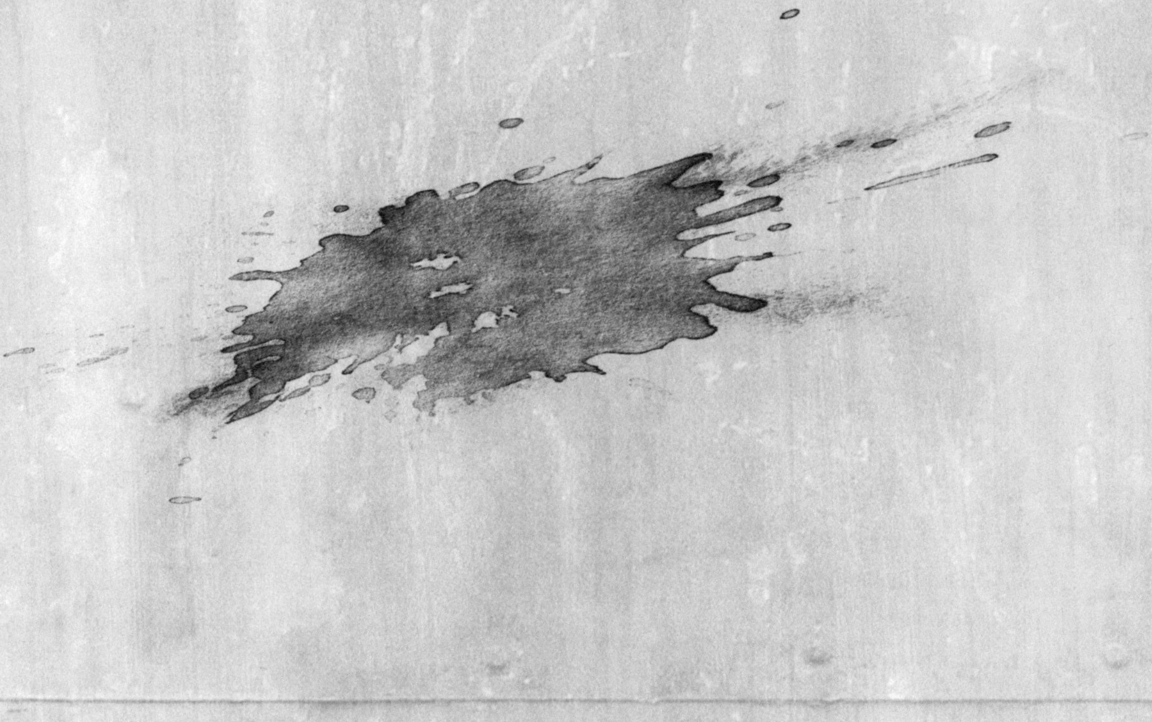

17 Darauf verwette ich meinen Hintern

Der Fluss verlor seinen ganzen Glanz. Je länger sie auf die Wellen starrten, umso mehr verblasste ihr goldenes Glitzern. Sie wurden stumpf. Da konnte sich die Julinachmittagssonne auch noch so anstrengen und der Himmel noch so blau und strahlend sein.

Kiki saß in der Krone des alten Baums mit dem Rücken zum Fluss und starrte auf Luca und David hinab. Der Superdachs hing wie ein Häuflein Elend in der Astgabel unter ihr und David lehnte am Stamm mit der runzligen Rinde.
Die zupfte Kiki wütend vom Ast.
„Ich hab's euch gesagt. Der Kerl ist ein richtiges Superar..."
Kiki konnte das Wort trotz ihrer Wut noch verschlucken. Aber aus Luca platzte es umso lauter heraus.
„...arschloch". Sie erschrak vor sich selbst. „Uhps!", stieß sie aus. Doch dann siegte die Wut über die gute Erziehung.
„Ich weiß, das soll man nicht sagen. Aber wenn es doch stimmt? Ich meine, was machen wir jetzt? Wir werden nur einmal erwählt. Einmal im Jahr oder im ganzen Leben, und wir brauchen den Mistkerl, den Schnösel, den Arschhhh!"
Sie ließ das Wort auf der Zunge zergehen, aber Kiki schüttelte resigniert den Kopf.
„Hey, David. Dein Bruder ist der Superchecker."
Doch David widersprach ihr. „Das glaube ich nicht."
„Wie bitte? Was?!", explodierte Luca beleidigt und David ärgerte sie noch einmal.
„Nein. Das glaube ich nicht." Aber er meinte nicht Luca. Er meinte, was sie über Robin dachte. Er sah ihn noch einmal auf der Kartbahn. Er sah ihn, als sie die Münzen hochwarfen. Und als die Münzen zu ihnen sprachen, sah er das Lächeln in Robins Gesicht. Es sprang aus seinen staunenden Augen, bis sein Vater zu ihm kam. David sah, wie er vor seinem Vater erschrak und als er sie danach verhöhnte, spürte er

Robins heimliche Angst. Ja, hinter all diesem Spott hatte Robin gezittert. Er hatte gezittert, weil er nicht ehrlich war. Er wäre viel lieber bei ihnen geblieben. Doch er traute sich nicht. Und wer aus einem solchen Grund zittert, der war auf keinen Fall ein Arsch.

„Nein. Der Arsch ist sein Vater“, erklärte David, was er dachte. „Robin wird kommen. Er kommt heute um elf in die Höhle des Löwen. Darauf verwette ich sogar meinen Hintern.“

Er ging vom Baum zu seinem Gokart, setzte den Helm auf und sprang in den Sitz.

„Komm, Luca. Wir müssen heute so pünktlich ins Bett, dass Mama und Papa nicht merken, dass wir später noch mal ausbüxen werden.“

Er schaute verschmitzt zu Kiki Lilou.

„Und das solltest du auch. Wir treffen uns alle um halb zehn auf der Brücke.“

Er trat entschlossen in die Pedale und fuhr mit durchdrehenden Reifen davon. Luca fiel das Kinn auf die Brust, und als sie die Bewunderung erkannte, mit der Kiki Lilou ihrem Bruder nachschaute, machte sie das noch wütender. Sie raufte sich die Superdiamondmütze und rief David hinterher. „Allmächtiger Dachsmann! Das gibt Ärger! Ganz großen Ärger, merk dir das!“

18 Mein Sohn ist ein Sieger

Drei Stunden später, es war schon nach acht, fiel der Schatten des Villenhügels auf die Häuser im Rosengarten. Nur die weiße Villa auf seiner Spitze leuchtete noch im Abendlicht. Doch so warm das Licht der Sonne auch war, in der Villa war es kalt. Eiskalt und still. Die nackten Betonwände trugen das Grau eines nie enden wollenden Novemberregentags und in diesem trostlosen Grau schwiegen sich Robin und sein Vater jetzt schon seit zehn Minuten an.

Sie saßen sich gegenüber. Jeder an einem Ende des langen Tischs und obwohl das Essen schon vor ihnen stand, dachte keiner daran, es anzurühren. Sie starrten sich an und schließlich nahm Robin all seinen Mut zusammen, um das unangenehme Schweigen zu brechen.

„Ich dachte, du wolltest mit mir reden?“, fragte er seinen Vater, doch der lachte nur auf. Es war ein trockenes, fast hustendes Lachen, das den im Wohnzimmer herrschenden November schlagartig in einen trostlosen Dezember verwandelte. Sein Vater sah ihn spöttisch an.

„Und ich dachte dasselbe von dir“, sagte er tonlos, doch Robin spürte den Spott. Er fiel wie Nieselregen auf ihn herab und durchtränkte sein braunes Designerhemd.

Robin umfasste Gabel und Messer. Er hoffte, dass er sich daran festhalten konnte und presste die Worte aus sich heraus.

„Ich verstehe. Ich hab dich enttäuscht!“, sagte er gehorsam, und damit sein Vater nicht sah, wie er dabei zitterte, senkte er seinen

Blick. Er hoffte, dass sein Vater es damit genug sein ließe. Er war doch sein Vater und er noch ein Kind. Aber das war ein Wunsch, der nicht in Erfüllung gehen sollte.

„Ist das alles?“, fragte sein Vater. „Mehr ist dir das hier nicht wert?“ Er hustete lachend. „Die Miete der Kartbahn betrug 3000 Euro. Dazu kommen vier Karts, die ich dir bisher gekauft hab, und sechs Jahre Training. Also schau mich bitte gefälligst an.“

Robin hätte die Gabel und das Messer in seinen Händen am liebsten in die Tischplatte gerammt. Nur, um sicherzugehen, dass er nicht augenblicklich und rücklings durch das riesige Fenster und den Villenhügel hinabstürzen würde. Aber weil das nicht ging, klammerte er sich noch fester ans Silberbesteck und hob langsam den Blick.

„Okay!“, flüsterte er. „Ich war nicht gut genug. Bist du jetzt endlich zufrieden?“

Er hasste seinen Vater in diesem Moment. Doch der hielt das aus. Für ihn war das so, als hätte Robin geniest.

„Wieso ich?“, fragte er. „Warum soll ich zufrieden sein? Es war doch dein Traum, den du heute geschrottet hast. Der Scout von Red Bull hält dich noch nicht für reif. Dir fehlt die Persönlichkeit. Du bist noch kein Kerl. Du hast dich durch ein paar Freaks ablenken lassen.“

Robin starrte ihn an. Er traute sich nicht, seinen Blick noch einmal zu senken und deshalb quoll die Träne aus seinem Auge. Er konnte sie nicht zurückhalten und sie purzelte über Wange und Kinn, als sein Vater sie entdeckte.

„Oh, nein. Bitte nicht. Wenn du heulen willst, tu das woanders. Mein Sohn ist ein Sieger."

Doch Robin hatte dazu keine Kraft. Er traute sich nicht, jetzt aufzustehen. Der Boden unter seinen Füßen bewegte sich wabernd. Er wollte nicht stolpern, taumeln und stürzen. Er wollte den letzten Rest seiner Würde bewahren. Er senkte den Blick und sah, wie die Träne auf sein verkleinertes Spiegelbild in der silbernen Glocke fiel, die sein Abendessen warm hielt.

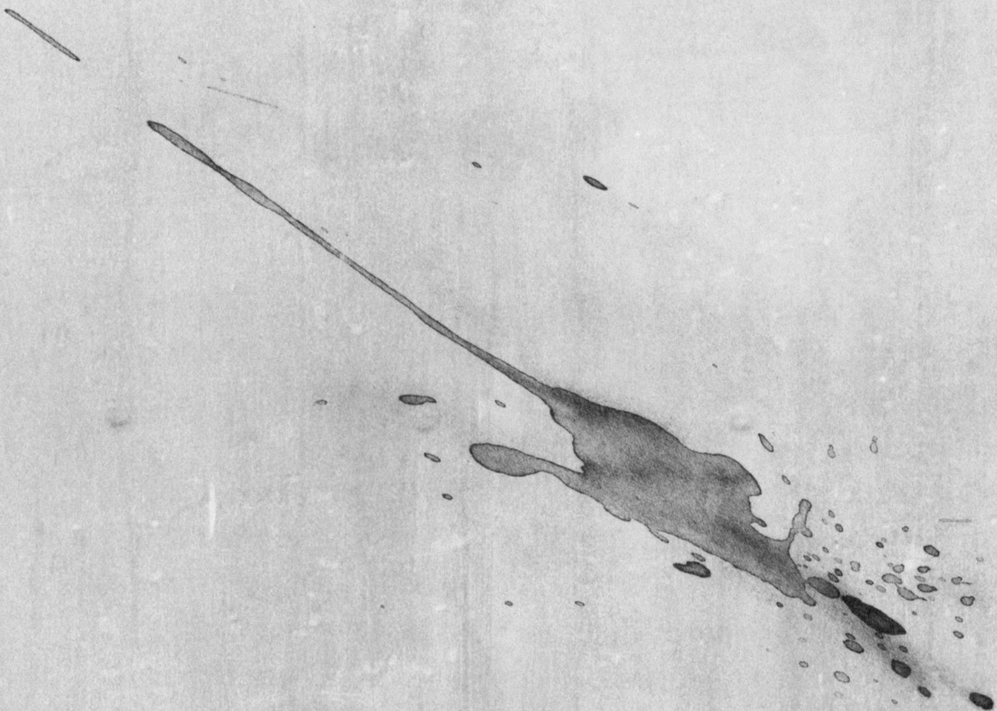

19 Superdachse arbeiten im Süden

Eine Stunde später öffnete David ganz leise das Kinderzimmerfenster im Baumhaus und sah zu, wie Luca auf den Balkon hinausklettern wollte. Es war Viertel nach neun und sie hatten nur noch 15 Minuten bis zum mit Kiki Lilou verabredeten Treffen auf der Mitte der Brücke. Sie hatten es eilig, und unten im Wohnzimmer arbeiteten ihre Eltern. Die durften sie jetzt auf keinen Fall hören.

Luca streckte als Erstes ihr rechtes Bein aus dem Fenster. Sie drehte den Uniformrock geschürzten Po hinterher, und während David noch dachte – oh, Mann, gibt es dich auch noch in geschickt?! – streifte Lucas linke Pobacke den Diamond-Dachsmann-Superhelden-Alarmanlagen-Gong. Den hatte sie dort draußen aufgehängt, um sich gegen die bösen Mächte aus Wildernacht zu schützen. Aber jetzt fiel die frisbeegroße Scheibe vom Nagel und stürzte die sechs Meter auf die Garageneinfahrt hinab. Der Lärm war ohrenbetäubend. Er reichte bis Nepal, um alle Mönche zu wecken, und deshalb hörten ihn auch ihre Eltern.

Ihre Mutter wirbelte wie ein T-Rex herum. Ein freundlicher T-Rex. Doch T-Rex ist T-Rex und sie dachte jetzt überhaupt nicht an Wildernacht.

„Luca?“, rief sie. „Bist du etwa noch wach?“

Und Luca, die das oben im Fenster hörte, murmelte leise. „Was hab ich gesagt? Das gibt ganz großen Ärger!“

Doch bevor sie das Wort „Ärger“ ganz aussprechen konnte, packte sie David. „Komm schon! Los, komm!“, zog er seine tollpatschige

Schwester ins Baumhaus zurück, „Bevor du noch mehr Unheil anrichten kannst!"
Doch auch das ging nicht leise. Ihr Vater und ihre Mutter hörten das Poltern im Kinderzimmer und rannten die Treppe zum Baumhaus hinauf.
„David und Luca! Es ist schon halb zehn!", rief ihre Mutter noch einmal. Dann stieß sie die Tür auf und stürzte ins Zimmer.
Dort blieb sie stehen und sah sich T-Rex-grimmig um.
„Wollt ihr mich hochnehmen?!", zischte sie zornig und ging langsam zu Davids Bett.
Dort lag anstatt seines Kopfs sein Helm unterm Kissen und bauschte es auf. Genauso wie Lucas Dachsmannkuscheltiermütze Luca in ihrem Bett vortäuschen sollte. Doch das wirkte nur, wenn man nicht nah ans Bett ging. Aber das tat ihre Mutter. Noch zwei kleine Schritte und sie würde entdecken, dass ihre Kinder nicht in ihren Betten lagen. Noch zwei kleine Schritte und eine T-Rex-Gedankenkombination und sie würde darauf kommen, dass sie sich im Schrank versteckten.
„Heilige Wildernacht!", raunte Luca entsetzt und starrte durch die Lamellen der Kleiderschranktür auf ihre Dinosaurier-Mutter.
Die ging entschlossen zu Davids Bett. Doch als sie den Fuß zum zweiten Schritt aufsetzte, trat sie auf eine an ihrem Ende vielleicht zwei Zentimeter zu hoch stehende Diele. Die senkte sich knarzend. Daraufhin blinkte ein Lämpchen und beleuchtete zwei dünne Kabel. Die liefen zur Wand und unter den Schreibtisch, verschwanden dort wieder und tauchten bei dem Kassettenrekorder unter Lucas Bettdecke auf. Der sprang sofort an. Die Räder des Kassettendecks surrten los und

aus dem Lautsprecher ertönte ein Schnarchen. Ein waschechtes Luca-Dachsmann-Schnarchen, das David aufgenommen hatte.
„Luca?“, fuhr ihre Mutter überrascht herum und musterte die Mütze des Kuscheltiers. Die lugte in Lucas Bett unter der Decke hervor.
„Luca? Bist du das?“, fragte sie absolut skeptisch und schaute intuitiv zum Schrank.
„Oh, nein!“, zischte Luca. Ihre Mutter musste sie sehen. Durch die Lamellen. Luca war sich todsicher: Die Schranktür war plötzlich durchsichtig. Da trat ihr Vater ins Zimmer. Er nahm ihre Mutter zärtlich in seine Arme und flüsterte ihr ins Ohr.
„Siehst du, sie schlafen. Es ist alles in Ordnung. Und wir sind allein. Das ist unser Abend“, beruhigte er sie und zog sie durch die Tür zur Treppe hinaus.
„Puuuh, ich fress meine Stiefel!“, hauchte Luca erleichtert. „Das war verflixt noch mal mehr als knapp!“

„So knapp war das, David!“, hauchte sie weiter und kletterte Minuten später aus dem Fenster auf den Balkon. Sie presste Daumen und Zeigefinger zusammen. „So knapp, David, hörst du! Oh, und das hier ist hoch!“
Sie spähte über das Geländer in die sechs Meter Tiefe hinab. „Zu hoch ist das, David!“, flüsterte sie. Doch ihr Bruder sprang an die Feuerwehrstange und rutschte furchtlos an ihr hinab.
„Dann nimm doch den Aufzug für Superhelden!“, lachte er seine Schwester an und die hätte den Korb beinah vergessen. Den hatte sie doch mit ihrem Vater gebaut.
„Das ist eine gute Idee!“, rief sie erleichtert. Dann kletterte sie in den Wäschekorb, klappte den schwarz-weißen Bremsfallschirm auf, löste den Sandsack als Gegengewicht und schwebte, das ebenfalls schwarz-weiße Kissen als Airbag unter dem Hintern, auf die Garagenabfahrt hinab. Sie fühlte sich jetzt mehr als absolut sicher und mit dieser Sicherheit kam auch der Mut.
„Höhle des Löwen, zieh dich warm an!“, raunte sie tapfer, aber dann fiel ihr doch noch etwas ein.
„Hey, wo liegt diese Höhle eigentlich?!“
„Natürlich im Süden!“, kam Davids Antwort zurück und der lief schon auf die Straße hinaus.
„Wie bitte? Was?“, erstarrte Luca im Korb, und David hatte seinen Spaß.
„Was glaubst du, wo Superdachse ihre Abenteuer erleben?“, flüsterte er, damit es die Eltern nicht hören konnten, und rannte die Straße hinab Richtung Fluss.

20 Das ist ein Bulle

Die Turmuhr schlug gerade zur halben Stunde. Es war Punkt halb zehn. Da erreichten David und Luca die lange Brücke, die den sicheren Norden mit dem gefährlichen Süden verband. Dem verbotenen Süden! Dem tödlichen Süden! Das wusste Luca besser als jeder andere und deshalb hing sie sich wie ein Bremsklotz an David.

„Ha! Im Süden! Ich lache mich tot! Warum sollen Superdachse gerade da ihre Abenteuer erleben? Den Quatsch erzählst du doch nur, weil wir zu viert sein müssen. Du hast noch nie gewollt, dass ich mit dir komme!“

„Und ich will es noch immer nicht!“, fiel ihr David ins Wort. Er zog das widerspenstige Mädchen hinter sich her auf die Mitte der Brücke, wo ein Schlagbaum die Grenze zum Süden markierte. „Ich hätte dir auch nie die Münze gegeben. Aber du hast sie nun mal und damit muss ich leben.“

„Und ich wohl mit der!“ Luca blieb stehen. „Biestig gebiestertes Alien!“ Ihr Blick wollte töten. Doch Kiki Lilou, die dort hinter dem Schlagbaum am Bretterzaun lehnte, hielt diesem Mordversuch mühelos stand. Sie wehrte ihn lässig mit einem Lächeln ab.

„Ich mag dich auch!“, wies sie Luca in ihre Grenzen und musterte das mit funkelnden Goldplättchen besetzte Dachsmannkostüm. „Und ich mag deine Jacke. Die macht dich viel größer. Und vor allen Dingen kann man dich darin meilenweit sehen.“

Luca wurde ganz blass. Sie war zu Tode erschrocken, und als sie David und Kiki Lilou in den Süden folgte, fühlte sie sich wie ein hilfloser Goldfisch. Ein knallroter, leuchtender, funkelnder Goldfisch, der durch ein Haifischbecken schwimmen muss.

„Meilenweit sehen!", flüsterte sie ununterbrochen. „Meilenweit sehen."

Da hielt sie Kiki plötzlich zurück.

„Ja, und ganz besonders der da vorn!", zischte sie warnend und deutete auf den kanariengelben Chevy Monza.

Der bog in die Hauptstraße der Arbeitersiedlung und fuhr direkt auf die Kinder zu.

„Kommt!", befahl Kiki und schlüpfte vor David und Luca hinter ein paar alte Kisten, die zu Füßen einer Treppe lagen. Von dort sahen sie den Monza kommen. Den gelben Monza mit den schwarzen Streifen. Sie sahen den Mann, der am Steuer saß. Er trug eine dunkle Sonnenbrille, lutschte an einer Zuckerstange und sang genüsslich:

„Na, kommt schon! Kommt brav aus euren Rattenlöchern. Hier fährt Tom, der Kater und hat Appetit."

„Giermaden fressende Flederkatze!", fluchte Luca entsetzt. „Das ist ein Erwachsener."

„Nein!", widersprach Kiki. Sie hatte Habicht erkannt. Der hatte jetzt Urlaub und nutzte die Zeit, um privat durch die Arbeitersiedlung zu patrouillieren. „Nein. Das ist kein Erwachsener", erklärte sie Luca. „Das ist nur ein Bulle."

Wieso nur?, dachte David. Diesel gelutschter Fehlzünderpfosten!

Ihm stockte der Atem und zum ersten Mal wurde ihm klar, dass er sich nicht nur im verbotenen Süden aufhielt. Nein, er tat auch etwas Verbotenes. Er war von Zuhause ausgebüxt. Er schlich nachts durch Straßen, die er nicht betreten durfte und wollte verbotene Rennen fahren. Doch Kiki Lilou ließ ihm keine Zeit, um sich weiter zu fürchten. „Willkommen im Süden und in der Höhle des Löwen!", grinste sie frech und führte sie durch einen weiteren Bretterzaun und durch ein Tor in einen Gang.

21 In der Höhle des Löwen

Der Gang, der zu einer unterirdischen Halle führte, war dunkel und staubig. Rauchwolken stießen aus Rohren hervor und in dem Licht der Neonröhren flackerten Graffiti aus der Dunkelheit auf:

Die Herrscher des Südens!, stand entlang der Rampe, die in die Löwenhöhle führte. Luca war sprachlos und Kikis Worte drangen nur wie durch Watte zu ihr.

„Doch bevor ihr euch vor dem Bullen fürchtet. Bevor ihr euch fürchtet, dass ihr etwas Verbotenes tut, solltet ihr euch vielleicht fragen, was die mit uns anstellen werden, wenn wir nur zu dritt bei ihnen auftauchen werden. Und zu dritt heißt nichts anderes, als ohne gültige Einladung!“

„Wen meint die mit ‚die'?" Luca packte David am Ärmel. „Und was sollen ‚die' uns tun? Ich dachte, es geht um ein Autorennen."

„Und um das größte Geheimnis!", schnitt ihr Kiki das Wort ab, „das seit Jahrzehnten von niemandem verraten wurde. Glaubst du, das geht auf die nette Art?"

„Nett?", japste Luca. „Was meint die mit ‚nett'?"

Sie suchte die Hand ihres Bruders, doch der zog sie weg.

„Ich glaube,", sagte David und verschluckte sich dabei fast am eigenen Mut. „Ich glaube, sie meint, dass wir beten sollen, dass Robin hier auftaucht, sonst ..."

„Das will ich nicht wissen!", wehrte sich Luca energisch und stieg mit den anderen die Rampe hinab. Die dunkle Rampe Richtung noch dunklerer Höhle.

„Robin?", rief Luca. „Robin, wo bist du? Hey, Robin! Jetzt sag was! Bist du schon hier?"

Doch es antwortete niemand, und da fragte sie David:

„Bist du dir sicher, dass er hierherkommen wird?"

Immerhin hatte er seinen Hintern auf diesen Schnösel verwettet. Seinen Rennfahrerhintern, auf den Kiki in diesem Moment allerdings einen Dreck geben wollte.

„Vielleicht!", höhnte sie. „Vielleicht wird er kommen. Aber nur, wenn ihm sein Vater den Porsche leiht!"

Sie stoppte abrupt am Ende der Rampe und spähte in die Höhle hinein.

22 Wenn du über diese Brücke gehst, sind wir geschiedene Leute

Noch war es nicht elf. Es fehlte noch eine Viertelstunde. Und es war auch noch hell. Zwar war die Sonne schon untergegangen, aber ihr letztes Licht ließ den Himmel in einem Stahlgrau erstrahlen.
Das passte zum Stahlgrau der obersten Villa des Hügels im Norden und auf deren Terrasse saß Robins Vater auf einem schwarzen Yogakissen und meditierte in der Stille. Der Julisommervillenstille.
Da erklang leise Musik.
Sie kam aus dem Innern, dem Bauch des Hauses. Sie verwob sich mit dunklen Motorengeräuschen und dann erklang die sonore Stimme. Samtweich, verlockend und verheißend zugleich.
„In die Höhle des Löwen!“, verkündete sie.
Robins Vater sprang auf und nur eine Nanosekunde nachdem Robin die Münze wieder auffangen konnte, stieß er die Tür zum Kinderzimmer auf.
„Was willst du in der Höhle des Löwen?“, fragte er heiser.
Robin stand mit dem Rücken zu ihm vor dem wandgroßen Fenster und rührte sich nicht
„Die liegt im Süden!“, fügte sein Vater deshalb drohend hinzu.
Da drehte sich Robin langsam um.
„Wo Mama herkommt?“, fragte er zitternd.
Doch sein Vater blieb kalt.

„Wenn du über diese Brücke gehst, sind wir geschiedene Leute.“ Er sah Robin an. Drohend und flehend und Robin schloss heimlich die Faust um die Münze.

23 Die Herrscher des Südens

David, Kiki und Luca verließen die Rampe und betraten die unterirdische Halle, deren Decke von unzähligen Säulen getragen wurde. Gelb schwefeliges Licht glomm aus einer nicht greifbaren Ferne und warf seine unheilvollen Schatten auf die Graffiti an den Wänden.
Hell GTI. Die Kugel. Der Missile Man, las Luca ehrfürchtig.
7 Straßen. 7 Siege. 7 Türme., raunte Kiki hinter David und dessen Blick fiel auf das reißzähnebewehrte Bild eines fischmäuligen Helms, unter dem fett und wild Barakudas stand.
Davor staken Stangen im Hallenboden. Übermannshoch und auf ihren Spitzen hatte man Helme wie Köpfe aufgespießt. Sie standen fast immer in Gruppen zu viert. Auch wenn manche der Helme am Boden lagen, als würden sie dort zu Staub zerfallen, begriff David langsam, dass das die Helme der Teams sein mussten, die gegen die Barakudas verloren hatten.
Er schaute ängstlich auf seine Uhr.
„Sieben vor elf!“, flüsterte er, um sich zu beruhigen. „Robin hat noch sieben Minuten.“
Da röhrten Motoren auf. Schweinwerfer schälten sich wie Monsteraugen aus dem schwefligen Dunst und einen halben Herzschlag später jagten die beiden Rennwagen auf sie zu. Silbern und flach wie tieffliegende UFOs. Nein, wie blitzschnelle Barakudas!, schoss es David durch den Kopf und im selben Moment wurde ihm schwindelig.

Die beiden Boliden rasten in engen Kreisen um sie herum. Sie schnürten sie ein. Kiki und Luca, die neben ihm standen, verschwommen zu wirbelnden Schemen. David wurde schon übel, da verschwanden die Boliden so urplötzlich schnell, wie sie gekommen waren. „Heilige Wildernacht!“, lallte Luca und David fuhr sich über die Augen.

Er wollte den Schwindel aus seinem Kopf vertreiben, da sah er den Kerl im wolfsgrauen Pelz.

Er war vielleicht fünfzehn und sein pechschwarzer Haarkamm stand zwischen kurz geschorenem, schneeweißem Haar.
„Ihr solltet beten, dass euer dritter Mann auftaucht!", zischte er leise und dann befahl er: „Packt sie euch!"
Im selben Augenblick erwachten die Schatten zwischen den Säulen zum Leben. Kisten, die an den Wänden standen, sprangen springteufelwild auf, und bevor David den Befehl des Fremden verstand, wimmelte die Halle von Mädchen und Jungen. Sie trugen Kopftücher, Helme und Motorradbrillen und auf ihren Klamotten prangte das Logo: der Reißzähne bewehrte Barakudahelm.
Trommeln ertönten. Bässe prallten von den Wänden zurück und flipperkugelten gegen die Säulen. Dann spürte David die Hände. Sie packten ihn und Luca und Kiki. Sie zogen sie zu einem Eisengeländer und ketteten sie dort an.
„Lasst mich!", rief David vom Schwindel benommen.
„Fasst mich nicht an!", drohte Kiki Lilou.
„Ich bin der Dachsmann von Drachenherz!", warnte Luca ihre Peiniger. Doch die lachten sie aus und am lautesten höhnte der Wolfsmantelkerl.
„Habt ihr das gehört? Der Superclown warnt uns!" Er lehnte sich von hinten übers Geländer und schaute verächtlich auf Luca hinab. Dann setzte er sich eine Clownsnase auf und schnippte sie lässig auf den Boden.
„Bei allen Helden aus Wildernacht!", erschrak Luca zu Tode und dann richtete sich ihr Zorn auf David. Ihr Bruder war jetzt an allem schuld: „Das war dein Hintern, den du verwettet hast!", fauchte sie böse.

„Doch jetzt muss meiner dran glauben, hörst du? Und das, weil dieser Schnösel von Robin, sich nicht aus seinem Märchenschloss traut."

„Nein, das glaube ich nicht!", trotzte David verzweifelt, doch Kiki gab seiner Schwester recht. Sie hasste den reichen Villensohn:

„Dann schau dich mal um", schalt sie David verärgert. „Für dein Papasöhnchen ist es hier viel zu dreckig."

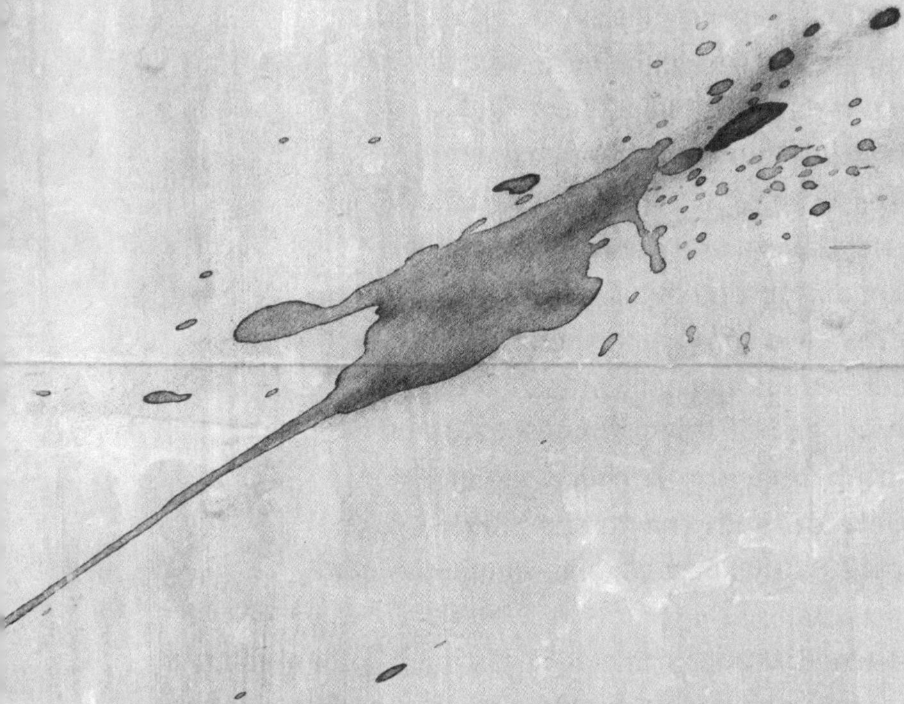

24 Du musst dich entscheiden, Robin

Doch vielleicht irrte sich Kiki. Vielleicht machten sie ihre Angst, Wut und Verachtung auch blind. Blind und ungerecht. Oder zumindest sorgten sie dafür, dass sie ein vorschnelles Urteil fällte. Ein Urteil, das keine Neugier mehr zuließ. Die Neugier, jemanden kennenzulernen, der absolut anders war, als sie selbst.

Robin war nicht mehr zu Hause. Er hatte sein Märchenschloss verlassen. Er stand jetzt am nördlichen Ende der Brücke und ging ganz langsam hinauf. Schritt für Schritt, bis zum Schlagbaum auf der Mitte. Schon schälten sich die Wohnwagen der Gipsys im Süden aus dem letzten Dämmerungslicht. Doch die waren noch Lichtjahre von ihm entfernt. Die Brücke war für Robin die längste Brücke der Welt. Er passierte den Schlagbaum. Südstadt stand da wie ein Ausrufezeichen und Robin hörte seinen Vater. Die Stimme seines Vaters in seinem Kopf:

„Wenn du über diese Brücke gehst, sind wir geschiedene Leute!"

Robin blieb stehen. Er drehte sich um. Es zog ihn mit aller Kraft nach Hause zurück. Doch dann dachte er an die magische Münze. Er sah, wie sie sich drehte und unter zuckenden Blitzen zu leuchten begann.

Er sah die Boliden in den flackernden Bildern. Er hörte die Stimme und er hörte den Satz von Sam. Sam Kamschik, dem bescheidenen Kartbahnbesitzer, als der Wind über die Kartbahn wehte. Der Wind, der ihn zur Brücke rief:

„Das ist der Augenblick, in dem man an sich selbst glauben muss!“

25 7 Strassen 7 Siege 7 Türme

„Verteufelte Reps- und Sektenspotze!“, fluchte Luca, die immer noch dachte, dass Robin in der Villa seines Vaters schlief. „Jetzt würd ich gern wissen, was die gleich mit uns anstellen werden.“

Doch ihrer Fantasie blieb nicht viel Zeit, um sich die Schrecken auszumalen. Der Kerl mit dem schwarz-weißen Irokesenhaarkamm – der Kerl, der wie eine Elster aussah, eine Elster im Wolfspelz, hauchte mit seiner in Kreide getauchten Monsterstimme:

„Das werdet ihr gleich erfahren.“

Er kam aus dem Nichts. Das schien seine besondere Begabung zu sein. Er stieß wie ein Hai aus dem lichtlosen Meer und ging zu dem Mob der Barakuda-Fans.

„Hey, Leute, macht Platz!“, sagte er mit einem lässigen Winken und die Mädchen und Jungen gehorchten sofort. „Macht Platz für den Champ!“, sprach der Elstertyp weiter, als kündigte ein König einen anderen an. Als hieße der Fürst der Finsternis seinen Bruder willkommen. „Macht Platz für die Kugel! Den Missile Man. Macht Platz, verflucht, für Hell GTI!“

Und bevor David verstand, was Missile bedeutete. Bevor Kiki kapierte, dass „Hell“ Hölle hieß: Hölle GTI. Bevor Luca sich ausmalen konnte, was in dieser Hölle passierte, kehrten die silbernen UFOs zurück. Sie schossen aus der Tiefe der Höhle und bremsten mit quietschenden Reifen rechts und links vom Elster-Wolfsmann zwischen den Bara-

kuda-Fans. Der Bolide, der rechts hielt, trug die Nummer eins und neben dem Cockpit stand der Name des Fahrers: Hell GTI.

Der Kerl war ein Hüne. Er stieg lässig aus. Er zog seinen Helm ab und setzte sich mit dem coolsten Lächeln, das David gesehen hatte, vorn auf sein Auto. Und das war verdammt noch mal mehr als ein Traum.

„Und das sind die Greenhorns?", fragte Hell GTI und Luca, die ihren Bruder jetzt noch mehr hasste, entdeckte ein Mädchen: eines der beiden Biester des Champs, die diesem nie von der Seite wichen.

Es kam aus dem Dunkel zwischen den Säulen und seine Stiefel klackten auf dem Beton. Der taubengraue Minirock wehte um die knallengen Shorts, und während es aus dem Schatten trat, zischte es mamba-echsen-giftig: „Sie wissen von nichts!"

„Dann wollen wir das doch mal ändern, Liv!", lachte der Missile Man.

„Wir sind nämlich euer Empfangskomitee."
Er nickte Liv zu und die stellte sich neben einen Kerl, den David zuvor nicht gesehen hatte. Er sah aus wie ein Maulwurf. Ein Maulwurf im Overall. Über seiner Brust kreuzten sich Gurte wie die Patronengurte eines Banditen. Doch anstelle von Patronen, steckte Werkzeug darin und auf seinem Kopf trug der Kerl einen Helm, der aus einer mit Lupen und Lampen gespickten Fliegermütze bestand.
„Darf ich euch Da Vinci vorstellen?", säuselte Liv und Da Vinci verdrehte beschämt seine Augen. David mochte den Kerl, auch wenn er zu seinen Feinden gehörte, und Kiki war auf der Stelle von ihm fasziniert:
„Darf ich euch Da Vinci vorstellen", säuselte Liv noch einmal. „Da Vinci, ‚The Genius', Galli Leh-Ohhh. Den genialsten Mechaniker im Kampf um die Burg."

„Und das ist Dadidas,“, hauchte Livs marokkanische Freundin. Lotta trug Mini und Shorts ochsenblutrot und sie jagte David, Luca und Kiki einen fröstelnden Schauer über den Rücken. Sie stellte sich nämlich neben den Wolfsmann und fuhr ihm mit den Fingerspitzen über die Brust. „Naik I. Dadidas. Der Da Vinci alles besorgt, was er für seine Erfindungen braucht.“

„Er oder Weber!“, lachte Hell GTI und ging zu dem Fahrer des zweiten Boliden. Der war kleiner als Hell, doch sein Blick war verschlagen. Stolz und verschlagen und er hatte sich auf den linken, geschorenen Teil seines Kopfes eine pechschwarze Vogelspinne tätowiert. „Weber, die Spinne.“ Hell ließ sich die Worte auf der Zunge zergehen. „Ihn werdet ihr kennenlernen, sobald die Zeit dazu kommt.“

„Aber ich hoffe, das braucht ihr nicht“, amüsierte sich Weber. „Das bleibt euch erspart.“

Er musterte Luca und sah ihre Angst. Sie versuchte sich vorzustellen, was ihr erspart bleiben würde. Sie sah einen Gruselfilm vor ihrem geistigen Auge und die Stimme des Champs war die Musik dazu.

„Und das sind die Regeln. Ihr baut euch zwei Autos. Zwei schnuckelige Biester. Und dann tretet ihr gegen unsere an. Gegen unsere Da-Vinci-Galli-Leh-Oh-Raketen.“

Er fuhr mit der Hand über seinen Boliden, wie man den Nacken eines Aliens streichelt. Eines Aliens, das Kinder frisst. Gefesselte Kinder, dachte Luca.

„Wir fahren zwei Rennen“, fuhr der Missile Man fort. „Jeweils einer gegen einen. Steht’s danach noch unentschieden, fahren alle vier gegeneinander. Und dann hat der Verlierer noch eine Revanche.“

„So wie heute die Nitros!“, säuselte Liv natternzickig.
„Diese Freaks. Diese Loser!“, verspritze Lotta ihr Gift und gab dem Champ Grund für ein breites Grinsen.
„Genau. Unsere Nitro-Freaks. Die petrol-gelben Clowns. Ihr habt sie bei unserem zweiten Rennen auf der Brücke gesehen. Sie haben verloren und sind raus aus dem Zirkus. Für immer und ewig. Und damit das auch klar ist, geben sie uns ihre Münzen. Ihre magischen Münzen, mit denen sie erwählt worden sind. Erwählt, so wie ihr.“
Er hob einen Gürtel mit einem Ritzel als Schnalle und auf dem prangten neben der Nitro-Freak-Münze bereits fünf magische Münzen von fünf anderen Teams. Der Kreis, den sie bildeten, war fast geschlossen. Nur ein Platz war noch frei.
„Die Clowns waren die sechs“, erklärte die Kugel. „Das heißt, wir haben sechs Teams geschlagen. Seht ihr den Gürtel? Wir haben sechs Münzen und mit der siebten, mit eurer wird das Märchen dann wahr. Dann sind wir am Ziel. Dann kommen wir endlich in die ...“
„... Burg!“, raunte David und hatte vor lauter Faszination vergessen, dass er mitten in der Nacht und gefesselt in der Höhle des Löwen stand.
„... die Burg, ja die Burg!“, nickte Hell GTI und erwiderte Davids begeistertes Lächeln. „Wir kommen in die Burg ...“
„... und ihr in die Hölle!“, fällte Dadidas sein Urteil.
Luca erschrak. Sie entdeckte den Elster-Wolfsmann hinter den Säulen. Dort schlich er wie ein Räuber in ihren Rücken.
Doch die Gefahr kam von vorn.
„Oh, das tut uns so leid!“ Liv rutschte lässig von Hells Boliden und ging auf die drei Gefangenen zu.

„Aber ihr seid nur zu dritt!“, zischelte Lotta heißgiftig und lehnte sich dabei auf Webers Motorhaube wie auf dem bequemsten Sofa zurück.
„Und ohne den vierten Mann habt ihr leider verloren, bevor ihr ein Rennen gefahren habt.“ Weber strich sich über das Spinnentattoo auf seinen kurz geschoren Haaren und packte sich Luca.
„Na kommt! Seid brav. Gebt uns die Münzen! Das hier ist einfach zu groß für euch!“ Dadidas erschien hinter dem gefesselten David, packte in seine Hosentasche, zog das funkelnde Geldstück heraus und warf es sofort zu Hell GTI.
Der musterte David. Er musterte ihn, als würde er ihn messen, wiegen und schätzen und verzog das Gesicht dann zu einem mitleidigen Grinsen. „Du hättest mich sowieso nicht geschlagen, Kleiner.“
„Hast du gehört?“, spottete Weber, die Spinne, und fand Lucas Münze im Rockaufschlag ihres Dachsmannkostüms.
„Der Champ ist unschlagbar!“, flüsterte Liv Kiki ins Ohr und zog ihr die Münze dabei aus dem Ärmel.
Da ertönte eine Stimme aus der Tiefe der Halle.
„Das werden wir sehen!“, widersprach Robin entschlossen.
„Das werden wir sehen!“ Er zog den Knoten seiner Krawatte auf, strafte Hell mit Verachtung und ging direkt zu seinen Freunden.

26 Die Geburt der V8

„Ich fress meine Stiefel!“, stammelte Luca verdattert. Sie wollte nicht glauben, was sie da sah. Der Schnösel. Der Arrr-Shit war wirklich gekommen. Auch Kiki Lilou hätte sich gern die Augen gerieben. Doch sie war gefesselt.

„Kiki! Ich hab es gewusst. Robin ist da!“, rief David begeistert.

Da verstellte Dadidas Robin den Weg. Der Wolfsmann war zwei Köpfe größer als er, doch Robin blieb cool.

„Ich bin Robin V. Acht“, sagte er fest und ohne zu zittern. Er hielt dem Blick von Naik I. stand. Er hielt ihn zehn Sekunden lang aus und nach weiteren fünfzehn Sekundenewigkeiten zollte der Barakuda dem jüngeren Jungen endlich Respekt.

Er nickte Liv und Weber zu. Die gaben die Münzen wieder zurück. Sie gingen zu Hell und den Barakuda-Fans und Dadidas trat brav zur Seite.

„Ihr habt es gehört. Ich bin Robin. Robin V. Acht!“, wiederholte Robin erleichtert und befreite David von seinen Fesseln. „Merkt euch den Namen. V8. So heißt euer Alptraum und so heißt unser Team.“

Er löste die Fesseln um Lucas Hände und ging dann zu Kiki.

„Hast du die Karren von denen gesehen? Die würd ich zu gern auch einmal fahren!“

Er lächelte jetzt und sie lächelte auch. Sie wollte nicht glauben, dass er wirklich da war.

„Ja, die oder bessere", sagte sie stolz und erleichtert.
Und David war derselben Meinung: „Heiliger Turbo! Dich schickt der Himmel!"
Er begrüßte Robin mit einem High Five und für einen kurzen Moment vergaßen die beiden, wo sie sich befanden. Es gab nur das Glück über ihre Freundschaft, die in diesem Augenblick entstand. Da meldete sich Dadidas zurück.
„Der Himmel vielleicht, ja, oder die Hölle." Er legte den Arm um Lucas Nacken und zog sie zu ihren Freunden. „Ihr habt zwei Wochen Zeit. Dann dürft ihr gegen uns verlieren." Er sprach wieder mit seiner Kreidestimme. Ganz sanft und ganz weich. Doch dahinter hörte man die Zähne, die Reißzähne schon aufeinanderschaben. „Aber bevor ihr das tut, müsst ihr noch schwören. Los, legt die Hände übereinander."
David und Kiki sahen sich an. Sie trauten Dadidas nicht über den Weg. Doch sie hatten keine Wahl. Das wusste auch Robin. Deshalb hob er die Hand und legte sie auf die Hände der beiden anderen. Nur Luca, der Dachsmann zögerte noch. Sie stand da wie gelähmt und konnte die Arme nicht mehr bewegen.
„Bei all meinem Stolz", hauchte Naik I. Dadidas, „und all meiner Würde schwöre ich jetzt, dass ich niemals verraten werde, dass es die Rennen und die Burg in Wirklichkeit gibt."
„Na, komm schon. Seid brav!" Lottas Stimme klang unheilvoll und Liv sagte ihnen nur das, was sie bereits alle wussten: „Ihr habt keine Wahl."
Da überwand sich David als Erster.
„Ich schwöre", sagte er fest und Robin war bei ihm.

„Ich schwöre“, wiederholte er die geforderten Worte und Kiki Lilou holte Luft.
„Und ich schwöre auch.“ Sie umfasste die Hände der Jungen mit ihren Fingern und sah Luca danach vorwurfsvoll an.
Die kämpfte mit sich. Sie überwand ihre Lähmung und legte den Dachmannkrallenhandschuh auf Kikis Hand.
„Auch wenn das Ärger gibt!“, fluchte sie dabei und bereute im nächsten Moment, was sie tat.
„Und ich bin bereit dafür zu sterben!“, verlangte Dadidas noch einen Zusatz und Luca fuhr zu ihm herum.
„Ich hab es gewusst!“, wollte sie protestieren. „Hey, sterben, meinst du das etwa ernst?“

Sie zog ihre Hand von den anderen zurück. So eine Dummheit würde sie niemals begehen: Schwören, zu sterben!
Doch Kiki war wahnsinnig. Sie war wirklich meschugge. Oder war sie nur fürchterlich mutig?
„Wir schwören“, beschloss sie und David und Robin waren so baff, dass sie ihr ohne zu Zögern gehorchten.
„Wir schwören!“, sagten die beiden im Chor und blitzten Luca erwartungsvoll an.
Die verfluchte die drei. Doch sie konnte jetzt nicht der Feigling sein.
„Und mir bleibt nichts anderes übrig!“, sagte sie böse, unheilvoll, düster und als wär das bereits ihr Todesurteil, röhrten die Motoren auf.
„Dann sehen wir uns, Loser“, rief Naik I. spöttisch und zeigte mit ausgestreckten Armen nach links. „Und jetzt haut ab! Beeilt euch! Verschwindet! Bevor die Bullen die da finden. Denn das ist das, was wir unter sterben verstehen.“
Die Barakuda-Fans stoben wild auseinander und verschwanden in den Schatten der Höhle. Weber und Hell ließen die Reifen durchdrehen und schossen in ihren Boliden davon. Danach war es still und in dieser Stille flammten vier einsame Schweinwerfer auf. Es waren die Scheinwerfer der Nitro-Freak-Bisons, der petrol-gelben Hot Rods. Sie beleuchteten vier kahle Eisenstangen, auf denen die vier Clownsmasken steckten. Doch auch wenn das schon mehr als gruselig war, es kam noch viel schlimmer: Zu Füßen der Stangen hockten die vier besiegten Nitro-Freak-Clowns fast nackig in rosa Windeln auf pfirsichfarbenen Bobbycars und hatten als Knebel pinke Schnuller im Mund.

27 Traust du ihm wirklich?

„Jetzt wisst ihr, was wir unter sterben verstehen!“

Der letzte Satz von Naik I. Dadidas echote noch durch die Köpfe von David, Luca, Kiki und Robin und sie starrten geschockt auf die Nitro-Freaks.

„Shit!“, fluchte Kiki und biss sich auf die Lippen. „Die kommen fast an die Gurke ran. Die Gurke als Elfe im rosa Tütü!“

Sie versuchte zu lächeln und das Lächeln gelang ihr, als es aus Davids Augen sprang.
Na klar!, dachte der. Wie kann mich so was noch schocken, nach dem, was ich alles durchgemacht hab.
Und Robin, sein neuer Freund, dachte dasselbe.
„Warum sollen wir uns fürchten, wenn wir Diamond Dachsmann haben. Den Superdachs, der uns alle beschützt."
Er strich Luca lachend über die Dachsmannmütze und die wurde für einen Moment richtig rot.
„Bingo, du Schnösel!", flötete sie. „Doch das ist kein Grund, um so blöde zu grinsen!"
Sie blitzte ihn an und mit diesem Blitzen, kehrte ihre Vorsicht zurück. Die Superdiamond-Dachsmann-Vorsicht, die nur aus gesunder Skepsis bestand. Zumindest in ihren, in Lucas Augen. Und diese Vorsicht, Skepsis und Angst erreichten ihren Höhepunkt, als sie über die Brücke liefen. Daran änderte auch die Sonne nichts, die gerade hinter der Brücke aufging.
„Bingo, du Schnösel!", raufte sich Luca die Mütze. „Jetzt brauchen wir nämlich nur noch zwei coole Autos. Zwei Rennwagen, die man nicht kaufen kann."
Sie strafte Robin mit einem verächtlichen Blick. Der wusste bestimmt nicht, was das bedeutet.
„Nicht kaufen, hörst du!", wiederholte sie giftig. „Und das heißt nichts anderes, als selber bauen. Mit den eigenen Händen. Sich dreckig machen." Sie musterte ihn, und als er beschämt zur Seite schaute, wandte sie sich an David und Kiki.

„Was hab ich gesagt?", fuhr sie mit dem Schwarzmalen fort. „Und selbst wenn wir das schaffen würden, müssten wir nicht nur die Barakudas besiegen, sondern dazu noch sechs andere Teams. Siebenmal könnten wir auf den Bobbycars landen."

„Genau!", lachte Kiki. „Mit Schnullern und Windeln. Doch damit das nicht passiert, habt ihr mich, Luca. Das Mädchen, das Alien, das Biest aus dem Süden!"

Sie blieb genau vor dem Schlagbaum stehen, der den Süden vom Norden trennte.

„Ach ja," erschrak Robin und drehte sich um. „Du kommst ja von da." Er stand bereits auf der nördlichen Seite, als wäre er wieder der Schnösel, der Arrr ...

„Uhuuu, aus dem Norden", konterte Kiki beleidigt und wurde dann wieder schlagartig ernst: „Wir treffen uns heute um halb zwölf auf der Brücke. Ich muss euch was zeigen."

Sie schaute zu David und der strahlte sie an.

„Und ich will es sehen!", versicherte er. Er schaute ihr zu, wie sie eine Plane aufschlug. Darunter hatte sie ihr Kart versteckt. Das coolste Gokart, das es gab. Doch während sie sich mit einem Lächeln bedankte und dann blitzschnell Richtung Süden fuhr, räusperte sich Robin in seinem Rücken.

„Also gut. Gute Nacht!", sagte er mehr als verlegen, als er bemerkte, dass es längst Morgen war. „Ähm, ich meine, das ist doch egal. Hauptsache, ihr lasst euch nicht von eurem Vater erwischen."

Damit rannte er los. Er ließ David stehen und er drehte sich auch nicht zu ihm um, als dieser ihm nachrief.

„Hey, warte doch, warte. Wir kommen mit. Wir können doch alle zusammen gehen."
David versuchte, ihm nachzulaufen. Doch als Robin nur schneller wurde, blieb er wieder stehen.
„Hey, was ist denn? Robin, was ist?"
Er erhielt keine Antwort.
Da fragte ihn Luca, die zu ihm aufschloss:
„Und? Was sagst du jetzt? Traust du ihm wirklich?" Sie sah David stirnrunzlig an. „Ich meine, der hat doch schon Angst, sich dreckig zu machen. Und dann ...", sagte sie und verengte die Augen zu zwei Haarnadel schmalen Schlitzen: „... und dann steht er auch noch auf Kiki Lilou."
Sie ließ David stehen und der merkte plötzlich, was er für diese Kiki empfand. Nein, nicht nur für Kiki, sondern genauso für Robin. Für den hatte er alles aufs Spiel gesetzt. Er hatte für ihn seinen Hintern verwettet und mit ihm auf Tod und Leben geschworen. Doch jetzt war er weg und David, der das alles erkannte, ging schweigend neben Luca nach Hause zurück. Schweigend, denn in seinem Kopf tobten tausend Fragen.

28 Papa, ich werde dich nicht noch einmal enttäuschen

Es war höchstens fünf, fünf Uhr in der Früh, als Robin die Villa seines Vaters erreichte. Er war den ganzen Weg von der Brücke gerannt. Er war außer Atem. Sein Herz pochte im Hals. Das Blut rauschte wasserfalllaut hinter der Stirn und den Schläfen. Er lief an dem schwarzgelben Chevy Monza vorbei, sprang über den Zaun neben dem elektrischen Tor, lief über den Kiesweg, klaubte den Schlüssel aus dem Versteck neben der Tür und stürmte die Treppe zu seinem Zimmer empor. Da hörte er Stimmen im Wohnzimmer.

Obwohl es so früh war, war sein Vater schon wach. Und er war nicht allein.

„Nein. Davon hab ich noch nichts gehört“, sprach er zu jemandem, den Robin nicht kannte. Selbst als er durch die Tür ins Wohnzimmer spähte.

Dort stand ein Mann hinter dem Wohnzimmertisch, der eine Lederjacke trug. Eine Rennfahrerlederjacke mit einem Habichtskopf auf dem Rücken.

„Illegale Autorennen, die Kinder austragen? In den Straßen im Süden? Haben sie das schon einmal Ihrem Vorgesetzen erzählt?“, fragte sein Vater und warf ein Polaroid auf den Tisch, das er die ganze Zeit betrachtet hatte.

Robin zuckte erschrocken zusammen. Denn obwohl er das Foto nur von Weitem sah, konnte er ganz deutlich die rosa Punkte darauf erkennen. Die rosa Punkte der Schnuller und Windeln und sofort fiel ihm Dadidas ein:

„Und jetzt haut ab, bevor die Bullen die da finden!“, hatte der Wolfsmann sie gewarnt und anscheinend waren sie alle gerade noch rechtzeitig aus der Höhle verschwunden. Bevor die Polizei dort aufgetaucht war.

Doch das galt nicht für ihn. Robin war dran. Er war jetzt geliefert. Denn die Polizei war bei ihm, im Haus seines Vaters, und der Polizist in der Lederjacke ignorierte die Frage, die sein Vater ihm stellte: Haben sie das Ihrem Vorgesetzten erzählt?

„Nun, ich würde lieber mit Robin reden“, sagte der Kerl mit dem Habichtskopf und Robin erschrak.

Was wusste dieser Mann? Der war nicht gefährlich. Nein, der war viel mehr. Das war kein Erwachsener, der Kinder nicht ernst nahm. Er nahm sie zu ernst.

„Das würde ich lieber Robin fragen!“, sagte Habicht noch einmal. Und während sein Vater verdattert sagte: „Das geht leider nicht. Mein Sohn schläft unten in seinem Zimmer!“, floh Robin die Treppe zu seinem Zimmer hinab.

„Darf ich mal nachschauen?“, hörte er den Bullen noch sagen und dann hörte er, wie die Tür zu seinem Zimmer aufschlug. Habicht stürmte zu seinem Bett, riss die Decke herunter und starrte triumphierend auf den von Hand beschriebenen Zettel, der einsam neben dem Kopfkissen lag.

„Ich werde dich nicht noch einmal enttäuschen“, las er laut vor und schaute zur Tür, in der jetzt Robins Vater erschien. „Ich werde dich nicht noch einmal enttäuschen. Papa!“, las er noch einmal und Robin, der draußen auf der Terrasse saß, ging leise und weinend in die Knie.

29 In der Falle

Robin sackte einfach zu Boden. Den Muskeln in seinen Beinen versagte die Kraft und in seinem Kopf wirbelten die Gedanken wild durcheinander.
Was sollte er tun?
Für Erwachsene war die Burg tabu und er hatte geschworen, sie nicht zu verraten. Bei seinem Leben hatte er das getan. Doch jetzt stand ein Kerl mit einer Habichtkopflederjacke in seinem Kinderzimmer und scherte sich einen Dreck darum, dass er ein Erwachsener war. Ein erwachsener Bulle. Ja, das musste er sein. Denn der Kerl wusste alles. Er hatte sogar ein Foto von den Bobbycar-Baby-Nitros gemacht und jetzt jagte er ihn, Robin V. Acht. Und der konnte sich nicht mehr hinter seinem Vater verstecken. Er hatte seinen Vater nicht nur enttäuscht. Er hatte auch gegen das Verbot verstoßen. Das strengste Verbot, dass es in seiner Welt gab.
„Wenn du über diese Brücke gehst, sind wir geschiedene Leute", hallte die Stimme seines Vaters in seinem Kopf und dann hörte er ihn in Wirklichkeit.
„Finden Sie ihn!", hörte ihn Robin durch das offene Fenster. Verflucht! Das Fenster war auf und wenn das so war, dann hörten die im Kinderzimmer bestimmt auch sein Schluchzen.
„Das muss ich nicht!", hörte er Habicht spotten. „Ich habe ihn schon. Ihr Sohn heult da draußen!"

Er ging zum Fenster und riss es auf.
„Doch wenn er damit fertig ist, wird er uns alles verraten. Über die Höhle des Löwen und den Pan und die Burg und wo die nächsten Rennen stattfinden werden."
Er schwang schon das erste Bein durch das offene Fenster. Da sprang Robin auf.
„Nein!", rief er, „Nein! Das tut mir leid. Ich kann das nicht, Papa!" Und mit dieser Entschuldigung rannte er los. Er rannte zurück zum elektrischen Tor, spürte Habicht im Nacken, ahnte, wie der versuchte, sein Hemd zu greifen und schwang sich in dem Moment, als sein Verfolger zupacken wollte, über das Tor. Er hörte das Geräusch, wie Leinen zerriss.
Das Leinen seines Hemdes in Habichts Hand. Dann war er frei, und während Habicht hinter ihm fluchte, rannte er die Straße hinab. Er sah sich nicht um. Er wusste sowieso, was hinter seinem Rücken passierte. Habicht kletterte etwas steif übers Tor, sprang in den schwarzgelben Chevy, ließ den Motor aufheulen und die Reifen durchdrehen und raste grinsend hinter ihm her.
„Ich kriege dich, Kleiner!", zischte er grimmig und steckte sich zur Belohnung eine Marshmallow-Maus zwischen die Zähne. Doch Robin war schneller. Er sprang von der Straße und stürzte die steile Hügelböschung hinab. Von dort floh er Luftlinie Richtung Fluss. Er sprang über Mauern und Zäune, rannte durch Gärten, fiel dabei in Komposthaufen oder direkt vor die fletschenden Zähne der von ihm aufgeweckten Hunde, floh vor den von den Hunden aufgeschreckten Menschen und kam schließlich vor Habicht auf die Brücke am Fluss.

Die ewig lange Bücke, die in den rettenden Süden führte.
Für einen kurzen Moment blieb Robin stehen. Er atmete durch.
Die Brücke ist eine Falle!, hörte er seine eigene Stimme. Wenn Habicht jetzt kommt, bist du geliefert. Dann hat er dich auf dem Silbertablett. Aber du kannst auch nicht bleiben. Nicht auf dieser Seite der Brücke und auf die andere Seite gibt es keinen anderen Weg.
Damit ging er los. Entschlossenen Schrittes. Er ging immer schneller, und bevor er sich umdrehte, sah er ihn schon. Den knallgelben Chevy mit den zwei schwarzen Streifen.
„Was hab ich gesagt? Ich kriege dich, Kleiner!“, grinste sein Häscher und gab dann Gas.
Robin starrte ihn an. Er fühlte sich wie ein Reh bei Nacht, das zwei Autoscheinwerfer blenden.

Blenden und lähmen und hypnotisieren. Doch er wollte kein Reh sein und auch kein Verräter und deshalb sprang Robin über die Brüstung. Er sprang in den Fluss.

Das Wasser war schwarz und voller Wirbel. Es riss Robin mit und ließ ihn sich überschlagen. Er wusste nicht mehr, wo oben war. Er schrie seine Luft aus den Lungen heraus, spürte, wie diese nach neuer verlangten. Er dachte gerade, er würde ertrinken. Da tauchte er auf. Er schaute zurück. Habicht hielt auf der Brücke und stieg aus dem Wagen. Er ging zum Geländer und sah auf den Fluss. Er musste ihn sehen. Robin gab sich schon auf. Da bemerkte er, dass er ganz nah am Ufer war. Am südlichen Ufer und hier hingen die Äste der Bäume ins Wasser.

Blitzschnell schwamm er hin, schlüpfte in ihre Deckung und blickte dann noch einmal zur Brücke zurück.
Dort kratzte sich Habicht jetzt ratlos den Kopf. Dann gab er auf. Er ging langsam zu seinem Wagen, stieg langsamer ein und fuhr dann noch langsamer zurück in den Norden. Robin, der zitterte, sah ihn verschwinden. Er konnte es nicht glauben. Er war ihm entwischt, und damit das auch sicher war, rührte er sich eine Stunde lang nicht vom Fleck. Er stand im brusthohen Wasser unter den schützenden Bäumen. Dann erst ging er zur Brücke zurück.

30 Zwischen den Welten

Die noch flachen Strahlen der Morgensonne strichen über das Gras und die Büsche unter der Brücke und färbten sie gold. Alles roch nach Sommer und Wärme. Bienen summten zwischen dem Löwenzahn.
Doch Robin war kalt. Er klapperte so laut mit den Zähnen, dass er die Bienen gar nicht hörte. Er schleppte sich zum Brückenpfeiler und setzte sich auf einen Baumstamm, der irgendwann einmal von einem Hochwasser hierher getrieben worden war.
Genauso wie ich, dachte Robin wehmütig und schlang die Arme um den Körper. Auch er war jetzt heimatlos, ohne ein Zuhause und er zuckte zusammen, als ein Zug über ihm über die Brücke raste. Dreck und Staub regneten auf ihn herab. Auf ihn, der Dreck hasste. Der eigentlich immer pikfein sauber war. Wie aus dem Ei gepellt. Stylish gekleidet und das noch sehr teuer. Und dieser Dreck blieb an ihm kleben. In seinen immer noch nassen Haaren, auf der klatschnassen Hose, dem Hemd, das Habicht zerrissen hatte, und auf der Haut.
Oh, wie er das hasste! Doch das hier war der Ort, an den er gehörte. Das war die Hölle! Und mit diesem Gedanken sah er noch einmal Naik I. Dadidas, den Elster-Wolfmann der Barakudas in der Höhle des Löwen.
„Ihr kommt in die Hölle!“, prophezeite der Kerl mit seiner Monsterkreidestimme.
Und dann war er da. Er befand sich tatsächlich in der schrecklichs-

ten Hölle und er war nicht allein. Keine drei Meter von ihm entfernt bewegte sich etwas und das war kein Tier. Es hauste unter einem Boot, das umgestürzt auf zwei Stöcken stand, und grub sich aus dem Haufen Lumpen. Nein, das waren keine Lumpen. Das waren seine Kleider. Das Ding war ein Mann. Ein Obdachloser und Bettler, wie es sein Vater vorausgesagt hatte: Es gab keine Märchen trotz magischer Münzen. Das alles war nur ein riesiger Fake.

Da lächelte ihn der Fremde an und nahm einen Schluck aus seiner Flasche.

„Willkommen im Leben!“, sagte er mit rostiger Stimme, die er mit Schnaps zu ölen versuchte. „Willkommen im Süden und schlaf mal ein bisschen. Du siehst nämlich ziemlich fertig aus.“

Doch Robin war jetzt Panik pur. Der Süden war tödlich. Das wusste doch jeder. Und das galt erst recht hier unter der Brücke, wenn so ein Kerl in der Nähe war.

„Oho!“, lachte der und las seine Gedanken. „Ich werd dir nichts tun. Ich tu keinem was, der auserwählt wurde, und der den Mumm hat und sich auch noch traut. Du weißt, was ich meine?“, fragte er zwinkernd und warf eine imaginäre Münze hoch.

Robin war baff. Doch er kam aus einer Villa auf dem Hügel im Norden. Da half auch das schönste Zwinkern nicht. Er hatte Angst. Er wollte nicht schlafen. Und deshalb schwor er sich, dass er wach bleiben würde. Wenn nötig, für immer. Und weil er wach blieb, sah er, wie sich der Penner unter sein Boot verzog. Kopfschüttelnd und traurig, doch immer noch freundlich. Er hörte ihn

schnarchen. Er hörte die Turmuhr sieben schlagen. Noch viereinhalb Stunden. Dann war es halb zwölf. Dann kamen Kiki Lilou und David und Luca. So lange musste er noch wach bleiben, um zu überleben. Doch fünf Minuten später schlief er schon ein.

31 Ein Traum wird Wirklichkeit

Robin wurde ganz schwer. Er fiel wie ein Stein in seine Träume hinein. Er stöhnte und wälzte sich hin und her. Er sah seinen Vater im Kinderzimmer. Er sah die Barakudas in der Höhle des Löwen. Er fuhr auf der Kartbahn und kam ins Schleudern und er sah, wie Hell GTI aus seinem Boliden stieg. Er sah die Münze, die sich drehte. Er hörte die Stimme, die ihn rief. Und er lächelte plötzlich, als ihm jemand, den er nicht sah und bemerkte, eine Decke über den Körper legte.

Das war eine äußerst sanfte Berührung.

Und plötzlich dachte Robin an David. Er stellte sich vor, wie sein neuer Freund lebte. Er sah ihn in die Küche stürzen. Er putzte die Zähne und zog Luca hinter sich her.

„Guten Morgen!“, rief er, „Und möge der Atem des Drachen euch schützen!“

„Guten Morgen?“, fragte sein Vater und schaute zur Uhr. Es war fast halb zwölf. „Musstet ihr heute keine Zeitungen austragen?“

„Nein!“, flehte Luca, die hoffte, dass man sie erlöste. „Er hat heute wichtigere Dinge zu tun!“

„Genau!“, grinste David und blieb vorm Spülbecken stehen. In das stellte sein Vater gerade die gekochten Kartoffeln. David zog die Bürste schon aus dem Mund und setzte bereits zum Spucken an. Er wollte die Zahnpasta auf die Kartoffeln spucken. Da spürte er den Blick seiner Mutter am Tisch. Die deckte gerade die Teller auf.

„Oh“, stöhnte David und hob den Blick zu seinem Vater: „Ich hab es kapiert.“ Er schluckte die Zahnpasta würgend herunter. „Ich hab keinen Hunger und ich nehm Luca mit. Sehr gern sogar, hört ihr, und freiwillig.“

Er zog seine Dachmannschwester hinter sich her.

„Freiwillig!“, rief die verzweifelt ihre Eltern zu Hilfe, doch David schubste sie in ihr Kart. Er stülpte den Helm über die Dachsmann-mütze und rief seinen Eltern zu.

„Wir kommen zurück, wenn es dunkel wird.“

Er sprang in sein Kart und raste davon.

„Untersteht euch!“, hörte er seine Mutter rufen. „Das ist erst um elf.“

„Okay, dann um zehn!“, versuchte David zu kontern, doch sein Vater kannte in diesem Punkt keinen Humor.

„Ihr seid um 19 Uhr wieder zurück! Sonst hagelt es Hausarbeit, und zwar im Faktor drei. Dreimal die Zeit, die ihr zu spät kommen werdet!“

Und als würde Luca diese Drohung damit unterstreichen, raste sie in die Heuballen hinein. Die Heuballen auf der anderen Straßenseite, die ihr Vater dort für sie aufgestellt hatte.

„Oh, verflucht noch mal, Luca. Wann lernst du endlich mal, Kurven zu fahren?!“ rief David und bremste.

Und Robin, der das alles nur träumte, lächelte sanft. So sanft, wie die Decke, die seine Schulter berührte. Nein, er war nicht allein.

Er hatte Freunde gefunden. Das träumte er jetzt, und als er die Augen aufschlug, sah er in Kikis Gesicht.

Sie kniete neben ihm an einem Feuer, über dem eine Kanne mit Pfefferminztee hing.

„Hey, was machst du für Sachen?“, fragte sie ihn und goss ihm eine Tasse ein.

Eine rostige, dreckige Tasse, dachte Robin sofort.

Doch der Tee wärmte die Hände und duftete kräftig. Und weil er so duftete, ließ sich Kikis Tadel ertragen. Denn die war nicht freundlich. Die nahm ihn nicht ernst.

„Kann man euch aus dem Norden denn nie allein lassen?“, frotzelte sie. „Oh, Mann! Das wird wunderbar. Ich seh schon, wie du meine Autos schrottest.“

„Autos?!“, verbrannte sich Robin die Lippen, als er trotz des Rosts zum Trinken ansetzte. „Hab ich das eben richtig gehört? Hast du Autos gesagt und meinst du die Autos, an die ich denke? Autos, die man nicht kaufen kann?“

„Genau!“, sagte Kiki. „Die meine ich. Doch damit du die fahren kannst, darf der da hinten nicht die da erwischen.“

Sie deutete zuerst zum gegenüberliegenden Ufer, an dem jetzt Habichts Wagen erschien, und dann zur nördlichen Brückenauffahrt. Dort fuhren David und Luca absolut arglos in ihren Karts.

„Die sind auch aus dem Norden!“, seufzte das Mädchen. „Die müssen wir warnen. Warnen und retten!“

Sie grinste ihn an und dann rannte sie los.

Und Robin zögerte keine Sekunde. Er lief ihr nach und überholte sie noch. Für David und Luca riskierte er alles. Ja, und ganz besonders für seinen Freund David. Für ihn traute er sich selbst in die Nähe von Habicht, dem Jäger der Burg, dem er erst vor ein paar Stunden mit knapper Not entkommen war.

DER NEUE FILM VOM AUTOR UND REGISSEUR VON `DIE WILDEN KERLE`
V8-DU WILLST DER BESTE SEIN!
AB 26. SEPTEMBER 2013 ÜBERALL IM KINO!
facebook.com/team.v8
UNIVERSAL

Villa von Robins Vater
Path of Glory
die verbotene
Höhle des Löwen
Arbeitersiedlu